I0811798

Últimas noticias de Jesús

José María Zavala

Últimas noticias de Jesús

Del osario de Caifás a la Sábana Santa

Ariel

Obra editada en colaboración con Editorial Planeta - España

© José María Zavala, 2023

Imágenes de interior: © Yoli Shwartz/Israel Antiquities Authority; © Bayerische Staatsgemäldesammlungen; © Zev Radovan/ BibleLandPictures/ Alamy/ACI; © Rafel/ Shutterstock; © Hulton Archive/Getty images; © Travellers&Tinkers/ Wikimedia; © Oronoz/Album; © Antonio Quattrone/ Mondadori Portfolio/Album; © Superstock/ Album; © Erich Lessing/Album; © Godong/Alamy/ACI; © Albiol Archeology; © Véronique Pagnier/ Wikimedia; © Teo Moreno Moreno/Alamy/ACI; © John Dambik/ Alamy/ ACI; © Sergi Reboredo/Alamy/ACI; © AGF Srl/Alamy/ ACI; © Gerard Julien/AFP/ Getty Images; © Hasiholan Siahaan/Shutterstock y por cortesía de © Xiskya Valladares

© 2023, Editorial Planeta, S. A. – Barcelona, España

Derechos reservados

© 2024, Ediciones Culturales Paidós, S.A. de C.V.
Bajo el sello editorial ARIEL M.R.
Avenida Presidente Masarik núm. 111,
Piso 2, Polanco V Sección, Miguel Hidalgo
C.P. 11560, Ciudad de México
www.planetadelibros.com.mx
www.paidos.com.mx

Primera edición impresa en España: octubre de 2023
ISBN: 978-84-670-7090-3

Primera edición en formato epub en México: febrero de 2024
ISBN: 978-607-569-656-0

Primera edición impresa en México: febrero de 2024
ISBN: 978-607-569-655-3

No se permite la reproducción total o parcial de este libro ni su incorporación a un sistema informático, ni su transmisión en cualquier forma o por cualquier medio, sea este electrónico, mecánico, por fotocopia, por grabación u otros métodos, sin el permiso previo y por escrito de los titulares del *copyright*.

La infracción de los derechos mencionados puede ser constitutiva de delito contra la propiedad intelectual (Arts. 229 y siguientes de la Ley Federal de Derechos de Autor y Arts. 424 y siguientes del Código Penal).

Si necesita fotocopiar o escanear algún fragmento de esta obra diríjase al CeMPro (Centro Mexicano de Protección y Fomento de los Derechos de Autor, http://www.cempro.org.mx).

Impreso en los talleres de Litográfica Ingramex, S.A. de C.V.
Centeno núm. 162-1, colonia Granjas Esmeralda, Ciudad de México
Impreso en México – *Printed in Mexico*

Ningún personaje histórico es comparable en grandeza humana a Jesús de Nazaret, y no digamos ya para quienes creen también en su naturaleza divina, razón por la cual dedico este libro a su eterna memoria y a quienes desde el principio me han estimulado y sostenido mientras lo escribía: Paloma, Borja e Inés.

«Debo intentar imaginarme qué sucedería a un hombre que realmente leyera la historia de Cristo como la historia de un hombre, incluso de un hombre de quien nunca antes hubiera oído hablar. Y me gustaría señalar que una lectura de este tipo, realmente imparcial, conduciría, si no inmediatamente a la creencia, al menos a una perplejidad para la que no habría otra solución que creer».

GILBERT KEITH CHESTERTON, *El hombre eterno*

Índice

1
Las piedras hablan

> Antes de Reimarus, nadie ha intentado formarse una noción histórica de la vida de Jesús.
>
> Albert Schweitzer, médico y teólogo alemán

Aunque parezca mentira tratándose del personaje más importante de todos los tiempos, la investigación sobre el Jesús histórico no comenzó de verdad hasta el último tercio del siglo XVIII, demasiado tarde, sin duda.

Existe así un antes y un después en el estudio sobre Jesús de Nazaret con la irrupción en el marco académico del catedrático alemán de lenguas orientales Hermann Samuel Reimarus (1694-1768), representante del deísmo y pionero también de la crítica bíblica.

Pero tuvo que ser otro escritor y crítico de arte de la Ilustración alemana, Gotthold Ephraim Lessing (1729-1781), funcionario de la Herzog-August-Bibliothek de Wolfenbüttel, en la Baja Sajonia, quien publicase entre 1774 y 1778 en la revista de la biblioteca, de modo furtivo para burlar la censura, siete fragmentos o capítulos aislados de la obra de Reimarus, *Die Apologie,* bajo el título *Fragmente eines Ungenannten (Fragmentos de un desconocido).*

Reimarus y sus indagaciones sobre el Jesús histórico fueron conocidos a título póstumo diez años después de su muerte y ensalzados luego, entre otros, por el médico, filósofo y teólogo alemán Albert Schweitzer (1875-1965), quien describió la obra *Fragmentos de un desconocido* como «uno de los acontecimientos más importantes en la historia de la crítica histórica». Hasta el punto de afirmar que «antes de Reimarus, nadie ha intentado formarse una noción histórica de la vida de Jesús», lo cual es decirlo todo para algunos o quizás demasiado para otros.

Sea como fuere, el profesor de Hamburgo convulsionó el mundo académico con su provocadora tesis sobre Jesús, quien, a su juicio, aguardó la llegada inminente del Reino de Dios, pero esta no se produjo y acabó siendo colgado de un madero por la autoridad romana como un vulgar delincuente. De este modo, Reimarus evidenció el fracaso del proyecto de Jesús, tan distinto del mensaje sobre su venida gloriosa y pletórica de poder transmitida en el Nuevo Testamento.

La osadía académica de Reimarus puso así de manifiesto la amplia brecha existente entre el Jesús que vivía en Palestina y el Cristo a quien sus seguidores consideraban el único salvador. El catedrático alemán desafiaba a la ortodoxia cristiana poniendo en entredicho la identidad de Jesús como el Mesías de Dios y como una persona con dos naturalezas, humana y divina, tal como fue definida en el Concilio ecuménico de Calcedonia en el año 451 y admitida como dogma de fe por todo el pueblo creyente.

De esta manera, Reimarus, con independencia de la validez de sus argumentos sobre Jesús, propició su investigación histórica y la irrupción en el fogoso debate académico de los teólogos alemanes Heinrich Eberhard Gottlob Paulus en 1828, Karl August von Hase en 1829 o David Friedrich Strauss, en 1835.

Coincido con el académico estadounidense James Hamilton Charlesworth, titular de la cátedra George L. Collord de Lengua y Literatura Neotestamentarias, en que a menudo se tiene la impresión de que la historia no es tan importante como la teología a la hora de acercarse a la figura de Jesús de Nazaret. Craso error. Empezando porque el concepto de «Tierra Santa» no es una creación cristiana, como advierte Charlesworth, sino una invención de la literatura judía primitiva.

En este sentido, la arqueología nos permite, tal y como señalan al unísono John D. Crossan y Jonathan L. Reed, acercarnos también a la colosal figura de Jesús desde el estudio de las piedras, del trabajo de campo, de los restos materiales y, en definitiva, del análisis concienzudo y perseverante de los arqueólogos. De ahí que Charlesworth proclame con toda razón que los indicios arqueológicos de los que hoy se dispone para reconstruir la época de Jesús «no son solo abundantes; son impresionantes». Su aseveración puede comprobarse con solo consultar cualquiera de los cuatro volúmenes que integran la colosal obra editada por Ephraim Stern en 1993, *The New Encyclopedia of Archaelogical Escavations in the Holy Land (La nueva enciclopedia de excavaciones arqueológicas en Tierra Santa),* donde figuran los análisis más eruditos de importantes yacimientos arqueológicos relacionados con la vida de Jesús. Igual que en los cinco tomos de la no menos relevante enciclopedia editada por Eric Meyers en 1997, *The Oxford Encyclopedia of Archaeology in the Near East (La enciclopedia de Oxford de arqueología en Oriente Próximo).*

Todo ello, claro está, combinado con los textos históricos, con los Evangelios, con los vestigios escritos de una minoría cultivada y con la impagable labor de los exégetas. Un cóctel explosivo, sin duda, el de la fe y la ciencia juntas.

Porque las piedras, hablan. Ya lo dio a entender el mismo Jesús a los fariseos, cuando le pidieron que reprendiese a sus discípulos mientras se acercaba a la bajada del monte de los Olivos: «Os digo que, si ellos callasen, gritarían las piedras» (Lc 19, 40).

El último descubrimiento

Getsemaní (en hebreo *Gat shemanim,* «prensa de aceite» o «almazara») es un pequeño huerto situado en el valle del Cedrón, al este de Jerusalén, en la base del monte de los Olivos, donde Jesús se retiraba a orar solo o con sus discípulos y donde fue apresado tras la vil traición de Judas Iscariote. Se encuentra a unos trescientos metros de la puerta de San Esteban y hoy pueden visitarse allí la Basílica de la Agonía y el huerto, junto con la gruta del Prendimiento y la tumba de María de Nazaret.

Los arqueólogos llevan ya muchos años excavando con ahínco en Getsemaní para desenterrar nuevos hallazgos sobre los últimos momentos en la vida de Jesús. El premio a su constancia y esfuerzo brotó de las mismas entrañas de la tierra en diciembre de 2020, cuando la Israel Antiquities Authority, en colaboración con el Studium Biblicum Franciscanum, descubrió un *miqweh,* es decir, uno de los escasísimos baños rituales judíos datados en el siglo primero.

Se trata de una especie de piscina escalonada y recubierta con una gruesa capa de estuco para evitar la permeabilidad, dotada de una conducción especial para recoger el agua procedente de la lluvia, del manantial o de las escorrentías. Los peldaños del *miqweh* permiten bajar hasta el fondo mismo de la piscina. El padre Francesco Patton, custodio de Tierra Santa, se apresuró a celebrar el gran acontecimiento con estas palabras: «Los últimos trabajos realizados han confirmado la antigüedad de la memoria y tradición cristiana vinculada al lugar», aseguró.

El descubrimiento se produjo mientras se construía un túnel subterráneo para comunicar la Iglesia de Getsemaní, también conocida como Iglesia de la Agonía y construida entre 1919 y 1924, con el valle de Kidron.

Al ponerse los cimientos del edificio hace ya un siglo, pudieron desenterrarse restos de templos del período bizantino y de los cruzados. Pero no se halló ni un solo vestigio arqueológico del período del Segundo Templo, la época en la que Jesús frecuentó aquel mismo lugar. Los operarios que horadaban el túnel se sorprendieron al descubrir una cavidad subterránea que más tarde se identificó como un baño ritual de hace dos mil años.

Si en Jerusalén existían frecuentes hallazgos arqueológicos que se remontaban a los tiempos del rey Herodes el Grande y de procuradores romanos como Poncio Pilato, en Getsemaní, en cambio, no se había encontrado nada contemporáneo de Jesús hasta entonces. «Pudo identificarse el objeto descubierto —explica el arqueólogo franciscano Eugenio Alliata, del Studium Biblicum Franciscanum— porque los baños rituales judíos son muy característicos: tienen una serie de escalones que terminan en una pileta poco profunda». Por su parte, el arqueólogo Amit Re'em, del distrito de Jerusalén, valora así el inesperado encuentro:

> El hallazgo confirma, probablemente, el nombre antiguo del lugar: Getsemaní. La mayoría de los baños rituales de esa época se han encontrado en casas privadas y edificios públicos, pero algunos se han localizado al aire libre, cerca de instalaciones agrícolas y de tumbas.
>
> El descubrimiento atestigua ahora la existencia de una industria agrícola en este preciso lugar hace dos mil años, posiblemente productora de aceite o de vino. No debe olvidarse que las leyes judías obligaban entonces a los trabajadores a purificarse. Por eso mismo, el hallazgo del baño ritual puede insinuar el origen del antiguo nombre del lugar donde se producía aceite ritualmente puro cerca de la ciudad. Las excavaciones en Getsemaní constituyen un excelente ejemplo de la investigación de Jerusalén en su máxima expresión, en la que varias tradiciones y creencias se combinan con la arqueología y la evidencia histórica.

Amit Re'em alude, de este modo, a la enorme importancia de la colaboración entre fe y ciencia a la hora de alumbrar los oscuros recovecos de la historia, así como al hecho ineluctable de que el judío devoto que elaboraba el aceite o el vino fuese *kosher,* es decir, puro según la ley, razón por la cual debía prepararse tomando un baño ritual en una pileta especial.

En Jerusalén o Séforis se han encontrado este tipo de piscinas o *miqwaoth,* en plural, en el interior de residencias privadas. En Séforis se han excavado más de una veintena en los barrios residenciales del sector oeste. Pero en la mayor parte de Galilea, como advierten Crossan y Reed, los *miqwaoth* se encuentran en las inmediaciones de plantas agrícolas o de sinagogas, precisamente por las cuestiones relacionadas con la casi obsesiva pureza.

En la población de Gamla, por ejemplo, situada en la cima de un escarpado monte de los Altos del Golán, destruida por las legiones romanas en el año 67, los arqueólogos han exhumado varios *miqwaoth,* uno al lado de la sinagoga y otros dos junto a prensas de aceite, como el de Getsemaní. Al oeste de esta localidad se ha excavado otro *miqweh,* junto a una gran almazara, que contiene una especie de piscina ovalada recubierta con estuco en la cual se sumergían los operarios tras descender por una escalera de caracol adosada a la pared. La función de este otro *miqweh* era igualmente purificadora, de modo que el agua sucia se desviara por una tubería de drenaje con el propósito de evitar que contaminase el agua limpia.

Aceite sagrado

Para elaborar aceite en tiempos de Jesús era imprescindible, pues, ser pulcro y escrupuloso hasta el extremo dado que desde sus comienzos este «oro líquido» se empleaba en ceremonias o ritos religiosos. Podía convertirse en una sustancia sagrada si era bendecida por un sacerdote o por cualquier otro religioso con las manos consagradas. En la Biblia, por ejemplo, se alude al aceite en casi ciento cincuenta ocasiones y al olivo, como tal, otro centenar de veces.

Proveniente del término latino *oleum,* el árbol del que procede, el olivo se ha distinguido en la cultura cristiana como un símbolo de paz, reconciliación y esperanza en Dios. Basta con reparar en el pasaje bíblico donde la paloma porta en su pico una ramita de olivo, en el primer libro de la Biblia que es el Génesis:

> Siete días después, para ver si se habían secado ya las aguas sobre la haz de la tierra, [Noé] soltó una paloma, que como no hallase dónde posar el pie, se volvió a Noé, al arca, porque las aguas cubrían todavía la superficie de la tierra. Sacó él la mano, y tomándola la metió en el arca. Esperó otros siete días, y al cabo de ellos soltó otra vez la paloma, que volvió a él a la tarde, trayendo en el pico una ramita verde de olivo. Conoció Noé que habían disminuido las aguas sobre la tierra (Gn 8, 8-11).

El aceite se consideraba toda una bendición de Dios: «Yo [Yavé] daré a vuestra tierra la lluvia a su tiempo, la temprana y la tardía; y tú cosecharás tu trigo, tu mosto y tu aceite» (Dt 11, 14). Mientras que el olivo era parte integrante también de la tierra que Dios le dio a su pueblo Israel: «Tierra de trigo, de cebada, de viñas, de higueras, de granados; tierra de olivos, de aceite y de miel» (Dt 8, 8).

En los sacrificios de la mañana y de la tarde se empleaba un cuarto de un *hin* (medida equivalente a seis litros) de aceite machacado. Es decir, que se utilizaba litro y medio del mejor aceite obtenido en prensas de piedra. También se recurría a él durante la ofrenda para la purificación de los leprosos.

En la época de Jesús se ungía con aceite el cadáver antes de darle cristiana sepultura, tal y como relatan Mateo y Marcos en sus respectivos Evangelios. En el Antiguo Testamento varias personas fueron ungidas también con aceite, como los reyes, sacerdotes e incluso profetas. Y no solo las personas, también los objetos: el tabernáculo y todos sus muebles, los escudos de los soldados, los altares y las columnas de piedra.

El aceite simbolizaba igualmente la honra, al compararse la virtud con el aceite perfumado, como se indica en el Libro de los Jueces: «Pusiéronse en camino los árboles para ungir un rey que reinase sobre ellos y dijeron al olivo: "Reina sobre nosotros". Contestóles el olivo: "¿Voy yo a renunciar a mi pinguosidad, con la que se honran los dioses y los hombres, para ir a mecerme sobre los árboles?"» (Jue 9, 8-9). Asimismo, la abundancia de aceite era síntoma de bendición y prosperidad, tal y como consta en el Libro de Job, donde se dice: «Cuando lavaba en leche mis pies y me daba la piedra arroyos de aceite» (Job 29, 6).

Por lo tanto, el olivo ha tenido gran importancia no solo en el Antiguo Testamento. Si nos atenemos a Jesús de Nazaret, durante su entrada triunfal en Jerusalén a lomos de un humilde borrico, el pueblo judío le recibió entre vítores con multitud de ramas de olivo. El pasaje evangélico se ha convertido desde entonces en toda una tradición recordada cada Domingo de Ramos en las iglesias de todo el mundo.

Hoy, sin ir más lejos, se sigue ungiendo con aceite a santos y papas, igual que a los cristianos de a pie, a quienes se les signa con el óleo sagrado para realzar su dignidad y administrarles sacramentos tan decisivos en su camino de fe como el de la confirmación. En la Misa Crismal celebrada generalmente el Jueves Santo o en cualquier otro día de la Semana Santa, se consagra el «Crisma» (del latín *chrisma,* que significa unción), es decir, el óleo de los enfermos y el de quienes van a recibir el sacramento del bautismo.

No debiera olvidarse tampoco el llamado «óleo de los catecúmenos», conocido también por «óleo de exorcismo» y destinado a las unciones de aquellos que se preparan a la iniciación cristiana. Se trata de una unción del combatiente, que fortifica al catecúmeno para la lucha contra las potencias del mal, previa renuncia a Satanás, para abrazar la fe católica y disponerse a recibir el agua bautismal.

VISIÓN DE GETSEMANÍ

El olivo está presente en la vida de Jesús hasta poco antes de su misma muerte. Arrancábamos estas páginas con el insólito descubrimiento del baño ritual en las profundidades de Getsemaní, en el monte de los Olivos, descrito con una riqueza asombrosa de matices por la monja agustina alemana Ana Catalina Emmerick (1774-1824), beatificada por Juan Pablo II el 3 de octubre de 2004, ciento ochenta años después de su muerte.

La religiosa llevaba ya diez años enclaustrada, inválida y estigmatizada con las cinco llagas de Cristo, cuando Clemente Brentano (1778-1842), uno de los mejores poetas del Romanticismo alemán, transcribió al dictado sus narraciones sobre la Pasión de Jesús.

Entre los carismas de esta monja figuraba el don de visión, gracias al cual Ana Catalina pudo contemplar los hechos con todo lujo de detalles, mayores incluso que los proporcionados en los cuatro Evangelios sinópticos, y compartir los sentimientos y percepciones de los protagonistas sin moverse del lecho de su celda.

A su muerte, Brentano preparó la edición de sus relatos, publicada en 1833 con el título original *Das bittere Leiden Unsers Herrn Jesu Christi (La amarga Pasión de Cristo),* obra en la que se inspiró, por cierto, el cineasta Mel Gibson para rodar su exitosa película *La Pasión*.

Pues bien, Ana Catalina Emmerick contempló con los ojos del corazón, como si hubiese estado allí mismo, el huerto de los Olivos, situado más cerca del monte de los Olivos y separado del jardín de Getsemaní por una estrecha vereda. Una vez en Getsemaní, Jesús bajó finalmente solo a un abrigo de roca que formaba una cueva de unos seis pies de profundidad a la izquierda de donde estaban Pedro, Juan y Santiago el Mayor, los tres apóstoles que había llevado consigo aquel anochecer, tras dejar a los otros ocho que lo acompañaban a unos minutos de distancia, en un lugar de Getsemaní donde había una especie de cenador de follaje.

Los tres discípulos, según indica Ana Catalina Emmerick, se habían quedado encima de este abrigo de roca, en una hondonada que había a la derecha. El suelo de la cueva estaba suavemente inclinado, y las plantas brotadas en el peñasco dejaban caer sobre la entrada una especie de cortina, de modo que se podía estar allí sin ser visto.

> Vi la caverna a su alrededor —relata Emmerick— llena de formas espantosas; y que todos los pecados, toda la maldad, todos los vicios, todos los tormentos, todas las ingratitudes le oprimían en forma de espectros horrendos. Sentía como hombre el espanto ante la muerte y el terror ante la magnitud de los padecimientos expiatorios. Se retorcía las manos y caía una y otra vez. Estaba cubierto del sudor que le causaba el miedo; temblaba y se tambaleaba. Se levantó. Sus rodillas, trémulas, apenas le sostenían. Estaba completamente desencajado y casi irreconocible, tenía los labios pálidos y erizados los cabellos.

Cerca de las diez y media de la noche, hora y media después de su llegada a Getsemaní, de acuerdo con la visión de Emmerick, Jesús se levantó bañado en sudor y fue al encuentro de los tres apóstoles subiendo por la izquierda de la gruta hasta desembocar encima de ella en la terraza donde Pedro, Juan y Santiago el Mayor yacían dormidos. Una vez despiertos, les instó a orar y se retiró de nuevo a la gruta para someterse a otro combate contra las fuerzas del mal. La agonía del Salvador alcanzó su clímax:

> Entonces vi —añade Emmerick— que caían sobre la pálida faz del Señor gotas de sangre espesas y oscuras; sus cabellos, generalmente lisos y con raya en medio, estaban enmarañados, erizados y pegados con sangre, y tenía la barba desgreñada [...]. Cuando llegó adonde los apóstoles, estos ya no estaban tumbados de costado para dormir como la primera vez, sino encorvados sobre las rodillas con la cabeza cubierta [...].

El Nazareno sudó sangre porque sabía ya, de antemano, su inminente calvario. Hasta tal punto fue así, que el estrés psicológico le provocó rupturas en los capilares de las glándulas sudoríparas, desencadenando el sudor de sangre, húmedo y pegajoso, que empapaba su rostro y el cabello. Es un fenómeno extraordinario que solo se da en personas sometidas a una enorme tensión y que aparece documentado en soldados antes de entrar en combate o en condenados a muerte antes de su ejecución.

Desde el lado más apartado del torrente Cedrón, Jesús divisó a lo lejos del valle una tropa armada que se acercaba con antorchas encendidas. Salió entonces con decisión del huerto de los Olivos acompañado de sus tres apóstoles y tomó con ellos el camino que los separaba del jardín de Getsemaní para encontrarse con los esbirros que iban a prenderlo. Poco después, tras la violenta escaramuza entre los sayones y los apóstoles, durante la cual Pedro seccionó de un tajo con la espada la oreja del criado Malco, los soldados capturaron a Jesús.

> La columna echó a andar —prosigue Emmerick— con pasos apresurados y, al dejar el camino entre el huerto de los Olivos y el jardín de Getsemaní, torció a la derecha y siguió un rato por el lado occidental de este jardín, hasta llegar al puente que hay allí sobre el torrente Cedrón [...]. El puente por el que ahora le llevaban preso era muy largo, porque no solo pasaba el Cedrón, que aquí corre más cercano al monte de los Olivos, sino que pasa durante un trecho por encima de las irregularidades del valle como una calzada de piedra.

Tal vez algún arqueólogo podría recomponer hoy con más detalle las inmediaciones del huerto de los Olivos y de Getsemaní gracias a los datos tan precisos proporcionados por Ana Catalina Emmerick. A imagen y semejanza de aquellos otros arqueólogos que descubrieron en su día la casa de María de Nazaret en Éfeso, siguiendo cada pista que, a modo de mapa o de brújula, les había suministrado Emmerick en su valioso libro. Pero de ese otro asombroso hallazgo daremos cuenta en otro capítulo.

El número 12

Siguiendo la tradición cabalística judía, después del número 7, el 12 es el más importante en la Biblia, razón por la cual hemos seleccionado para este trabajo la docena de hallazgos arqueológicos que nos han parecido más significativos, repartidos a su vez en doce capítulos, que refuerzan la existencia del Jesús histórico en concordancia con los Evangelios.

De este modo, al descubrimiento del baño ritual judío en Getsemaní, en diciembre de 2020, se irán sumando a partir de ahora otros aún más importantes que evidencian cómo el acercamiento a la figura de Jesús de Nazaret no puede ni debe efectuarse a la exclusiva luz de la fe, sino, en todo caso, en combinación con la ciencia. Una realidad insoslayable en la que no dejaremos de insistir. De tal forma que se puede no creer en la divinidad de Jesús y hacerlo, al mismo tiempo, en su incuestionable trascendencia histórica porque, como asevera Charlesworth, «ningún especialista serio cuestiona hoy en día la existencia de un judío llamado Jesús, hijo de José».

Volviendo al número 12, los sumerios lo empleaban como base para su sistema numérico, tanto en el calendario como en los signos del zodiaco. Recordemos también que las tribus de Israel eran doce, lo mismo que los discípulos elegidos por Jesús. El Antiguo y el Nuevo Testamento se concilian así, una vez más, en la gran importancia otorgada al número doce, y su continuidad no se ve reflejada únicamente en el cumplimiento fiel de las profecías.

Advirtamos también que cuando a Leví ya no se le contó entre las tribus de los hijos de Israel, las de José, Efraín y Manasés se enumeraron por separado para mantener inalterable el número doce. Del mismo modo, en el Nuevo Testamento, cuando Judas Iscariote se suicidó, los once apóstoles restantes agregaron enseguida otro más para conservar el número doce. En los Hechos de los Apóstoles se narra, en efecto, cómo Matías, elegido para sustituir a Judas el traidor, acompañó a Jesús desde el Bautismo hasta su Ascensión a los cielos.

Previamente, Pedro había dispuesto la elección del duodécimo discípulo entre dos candidatos: José Barsabás, llamado el Justo, y Matías. Tras pedir la iluminación del Espíritu Santo, la elección recayó al final sobre Matías, a quien Clemente de Alejandría distinguió por su insistencia en predicar la mortificación de la carne para dominar la sensualidad.

Los griegos sostienen que Matías evangelizó la Capadocia y las costas del mar Caspio, y que sufrió la persecución de los pueblos bárbaros y obtuvo como recompensa la palma del martirio en Cólquida, un antiguo estado, reino y después región de la actual Georgia. Sus restos mortales permanecieron durante mucho tiempo en Jerusalén, hasta que santa Elena los trasladó a Roma.

Y qué decir del libro del Apocalipsis: la nueva Jerusalén tenía doce puertas y sobre ellas, doce ángeles, y bajo sus muros, doce cimientos también:

> Tenía un muro grande y alto y doce puertas, y sobre las doce puertas, doce ángeles y nombres escritos, que son los nombres de las doce tribus de los hijos de Israel: de la parte de oriente, tres puertas; de la parte del norte, tres puertas; de la parte del mediodía, tres puertas, y de la parte del poniente, tres puertas. El muro de la ciudad tenía doce hiladas y sobre ellas los nombres de los doce apóstoles del Cordero (Ap 21, 12-14).

Siguiendo con el Apocalipsis, conviene recordar igualmente que el árbol de la vida proporcionaba doce clases de frutos diferentes: «En medio de la calle y a un lado y otro del río había un árbol de vida que daba doce frutos, cada fruto en su mes, y las hojas del árbol eran saludables para las naciones» (Ap 22, 2).

Los múltiplos de doce también son relevantes en el Antiguo y Nuevo Testamento. Existían así veinticuatro divisiones de sacerdotes, según el Libro de los Paralipómenos o Crónicas:

> Hubo entre los hijos de Eleazar más jefes que entre los hijos de Itamar, y se hizo esta división: los hijos de Eleazar tenían dieciséis jefes de casas paternas, y los hijos de Itamar, ocho. Hízose la distribución por suerte, unos con otros, y fueron jefes del santuario y jefes de Dios tanto los hijos de Eleazar como los hijos de Itamar (1 Cr 24, 4-5).

En el Apocalipsis se da cuenta también de los veinticuatro ancianos, múltiplo de doce también, en torno al trono celestial: «Alrededor del trono —escribe así el apóstol Juan— vi otros veinticuatro tronos, y sobre los tronos estaban sentados veinticuatro ancianos, vestidos de vestiduras blancas y con coronas de oro sobre sus cabezas» (Ap 4, 4).

Hablando de múltiplos de doce, el Antiguo Testamento, y en concreto el Libro de los Números, alude a los setenta y seis ancianos a quienes se les otorgó un halo de inspiración divina para realizar sus profecías:

> Salió Moisés y transmitió al pueblo lo que había dicho Yavé; y eligió los setenta varones de entre los ancianos de Israel y los puso en derredor del tabernáculo. Descendió Yavé en la nube y habló a Moisés; tomando del espíritu que

> residía en él, lo puso sobre los setenta ancianos; y cuando sobre ellos se posó el espíritu, pusiéronse a profetizar, y no cesaban. Habíanse quedado en el campamento dos de ellos, uno llamado Eldad y otro llamado Medad; y también sobre ellos se posó el espíritu; eran de los nombrados, pero no se presentaron ante el tabernáculo, y se pusieron a profetizar en el campamento (Nm 11, 24-26).

Otro dato significativo se encuentra también en el Apocalipsis, de acuerdo con el cual los ciento cuarenta y cuatro mil siervos de Dios se repartían entre los doce mil miembros de cada una de las doce tribus de Israel. El número doce y sus múltiplos repetidos hasta la saciedad:

> Oí que el número de los sellados era de ciento cuarenta y cuatro mil, sellados de todas las tribus de los hijos de Israel. De la tribu de Judá, doce mil sellados; de la tribu de Rubén, doce mil; de la tribu de Gad, doce mil; de la tribu de Aser, doce mil; de la tribu de Neftalí, doce mil; de la tribu de Manasés, doce mil; de la tribu de Simeón, doce mil; de la tribu de Leví, doce mil; de la tribu de Isacar, doce mil; de la tribu de Zabulón, doce mil; de la tribu de José, doce mil; de la tribu de Benjamín, doce mil (Ap 7, 4-8).

La linterna de los arqueólogos

La arqueología, la ciencia que estudia las artes, los monumentos y los objetos de la Antigüedad sobre todo a través de sus restos, sigue constituyendo hoy una ayuda imprescindible para rescatar de la ignorancia la historicidad de Jesús. Gracias a ella, sabemos, por ejemplo, que a poco más de un kilómetro del centro de Nazaret existían una viña y una prensa de uvas, junto a muros, torres e incluso una fuente donde María, la madre de Jesús, iba a recoger agua.

La localización de Betsaida y de los vestigios de pescadores que vivían en casas de basalto nos sirve también para situarnos en algunas escenas evangélicas registradas en este pueblo natal de algunos discípulos de Jesús. Por no hablar de las excavaciones en Séforis, una de las ciudades, junto a Tiberíades, con la que Herodes Antipas urbanizó Galilea.

Las ruinas de la antigua Séforis han sido exhumadas sin desfallecer por cuatro equipos de arqueólogos durante las últimas décadas, dejando al descubierto un teatro romano, un enorme acueducto subterráneo y el mosaico de Dionisio. Situada a tan solo siete kilómetros de Nazaret, Séforis y los indicios de vida judía descubiertos en ella nos retrotraen con más facilidad a los tiempos de Jesús.

Igual que el descubrimiento del osario del sumo sacerdote Caifás o de la inscripción del prefecto Poncio Pilato, los cuales ayudan a los historiadores, creyentes o no, a recrear el juicio de Jesús ante el sanedrín y su ejecución fuera de las murallas occidentales de Jerusalén.

«Está claro —prorrumpe Charlesworth— que el descubrimiento de la magnitud del templo y sus aledaños, así como el impresionante tamaño de las piedras del muro de contención occidental, nos ayudan a entender el asombro de los discípulos de Jesús ante la grandiosidad de tales piedras». No existe duda, al decir de Charlesworth, de que las piedras hablan. Y, en este sentido, son incontables los hallazgos debidos al tesón y la constancia de un puñado de arqueólogos durante las últimas décadas que representan un avance más que notable en el conocimiento de Jesús y sus circunstancias.

Aún queda, eso sí, mucho camino que recorrer para poder reconstruir con pruebas materiales la gran riqueza de los relatos evangélicos. Pero tampoco es menos cierto que el descubrimiento de la barca de pesca en el mar de Galilea o del esqueleto del crucificado Yehohanan ben Hagkol (Juan, hijo de Ezequiel) colorean las imágenes difuminadas en blanco y negro de la pesca milagrosa o hacen perceptible, como un latido, el estertor de Jesús en el infierno del Gólgota.

2
La piscina prodigiosa

> Frente al pórtico de entrada, al otro lado del jardín, más allá de la iglesia [de Santa Ana], están las ruinas de lo que en tiempos de Jesús fue la piscina de Betesda.
>
> Florentino Díez Fernández, arqueólogo

Cada vez son más hoy los científicos y expertos en el Nuevo Testamento, entre ellos el académico estadounidense James Hamilton Charlesworth, que consideran a la piscina de Betesda, Bethesda, Bethzatha, Betzata o incluso Bézatha (denominada así en arameo por el historiador judeo-romano del siglo primero Flavio Josefo y descrita por Juan en su Evangelio) como uno de los descubrimientos arqueológicos más relevantes de todos los tiempos para la investigación histórica sobre Jesús.

Charlesworth, en concreto, clasifica en el cuarto lugar de importancia este hallazgo arqueológico de entre todos los llevados a cabo hasta ahora. Aludimos a la piscina donde Jesús curó al paralítico, prodigio narrado con todo detalle por Juan, la cual se confunde a veces con otra, la piscina de Siloé, donde Jesús envió al ciego cuyos ojos había untado previamente con el barro formado con su propia saliva para que se lavase en ella y quedase curado al instante.

La piscina de Betesda nada tiene que ver tampoco con «Betsaida», tal y como se transcribe en la Vulgata, sin duda por la similitud con el nombre de esta ciudad tantas veces citada en los Evangelios. El texto en latín refiere así la existencia de una «piscina Probática», término proveniente de la frase en griego *epi probatike kolymbéthra,* que significa: una piscina cerca de la (puerta) de las ovejas, dado que *probatikos,* palabra alusiva a las ovejas, deriva de *próbaton*, es decir, de oveja.

Y en Jerusalén existía, en efecto, una puerta de las Ovejas citada por Nehemías, principal artífice de la reconstrucción de sus murallas y gobernador de la Judea persa, además de autor del Libro del Antiguo Testamento que lleva su nombre: «Entre la cámara alta del ángulo y la puerta de las Ovejas trabajaron los orífices y los mercaderes» (Ne 3, 32).

La puerta de las Ovejas

Con el nombre de puerta de las Ovejas se designaba la zona contigua al muro norte del templo y muy cerca de ella se encontraba precisamente la piscina de Betesda (llamémosla así de ahora en adelante), donde sucedió el gran milagro que Juan relata sin escatimar matiz alguno:

> Después de esto se celebraba una fiesta de los judíos y subió Jesús a Jerusalén. Hay en Jerusalén, junto a la puerta Probática [puerta de las Ovejas], una piscina, llamada en hebreo Betzata, que tiene cinco pórticos. En estos yacía una

multitud de enfermos, ciegos, cojos, mancos, que esperaban el movimiento del agua, porque el ángel del Señor descendía de tiempo en tiempo a la piscina y agitaba el agua, y el primero que bajaba después de la agitación del agua quedaba sano de cualquiera enfermedad que padeciese.

Había allí un hombre que llevaba treinta y ocho años enfermo; Jesús le vio acostado, y conociendo que llevaba ya mucho tiempo, le dijo: «¿Quieres ser curado?». Respondió el enfermo: «Señor, no tengo a nadie que al moverse el agua me meta en la piscina, y mientras yo voy, baja otro antes de mí». Díjole Jesús: «Levántate, toma la camilla y anda». Al instante, quedó el hombre sano, y tomó su camilla y se fue.

Era el día de sábado, y los judíos decían al curado: «Es sábado. No te es lícito llevar la camilla». Respondioles: «El que me ha curado me ha dicho: "Toma tu camilla y vete"». Le preguntaron: «¿Y quién es ese hombre que te ha dicho: toma y vete?». El curado no sabía quién era, porque Jesús se había retirado de la muchedumbre que allí había. Después de esto le encontró Jesús en el templo, y le dijo: «Mira que has sido curado; no vuelvas a pecar, no te suceda algo peor». Se fue el hombre y dijo a los judíos que era Jesús el que le había curado. Los judíos perseguían a Jesús por haber hecho esto en sábado; pero Él les respondió: «Mi Padre sigue obrando todavía, y por eso obro yo también». Por esto los judíos buscaban con más ahínco matarle, pues no solo quebrantaba el sábado, sino que decía que Dios era su Padre, haciéndose igual a Dios (Jn 5, 1-18).

Juan localiza su narración en la gran alberca, baño público o piscina de Betesda, situada muy cerca de la puerta de las

Ovejas, en la muralla norte del templo, próxima al ángulo nordeste. Por la puerta de las Ovejas, como su propio nombre indica, accedían al recinto sagrado las ovejas destinadas a los sacrificios del culto.

Dos albercas y cinco pórticos

En principio, llama la atención que Juan describa la piscina de Betesda con cinco pórticos, cuando lo habitual en aquella época era que la alberca estuviese enmarcada únicamente por cuatro, razón por la cual durante siglos enteros los historiadores y arqueólogos intentaron descubrirla en vano.

Por más que escudriñaron en las profundidades de la tierra en busca de sus restos, se llevaron una decepción tras otra. Sus esperanzas de encontrarla volvieron a desvanecerse así el día en que localizaron el *Birket Israel* o estanque de Israel, en las proximidades de la boca del valle de Cedrón, en la parte oriental de la Ciudad Vieja de Jerusalén.

Se trataba de una cisterna pública construida por los romanos como depósito de agua y para proteger la pared norte del monte del Templo. De hecho, fue el depósito más grande de toda Jerusalén, con casi ciento diez metros de longitud por otros cuarenta metros de ancho, una profundidad máxima de veintiséis metros y una capacidad de ciento veinte mil metros cúbicos de agua. Una especie de océano en medio de Jerusalén.

Numerosos peregrinos cristianos frecuentaron esta descomunal cisterna en el siglo XIX, la cual llegó a identificarse al principio con la piscina de Betesda. Pero el hecho de que no tuviese los cinco pórticos referidos por Juan acabó de un plumazo con las esperanzas e ilusiones de los arqueólogos, cuya fe en el pasaje evangélico se tambaleó seriamente desde entonces. Otro nuevo desengaño se produjo tras el hallazgo de la piscina de Siloé, comprobándose una vez más que tampoco tenía los cinco pórticos descritos por Juan.

Pero al fin, gracias a las excavaciones realizadas en las inmediaciones de la Iglesia de Santa Ana entre 1889 y 1990 a cargo de los padres blancos, bajo cuya responsabilidad el Gobierno francés había puesto aquellos terrenos, completadas con nuevas exploraciones emprendidas a partir de 1956, pudo aclararse esta decisiva cuestión y algunas otras sin resolver que ponían en entredicho la veracidad del relato evangélico.

Advirtamos que los padres blancos siguen perteneciendo hoy a la Sociedad de los Misioneros de África, más conocida como Sociedad Misionera de los Padres Blancos por el color de su hábito. Se trata de una sociedad de vida apostólica católica fundada en 1868 en Maison Carrée, antiguo nombre de un suburbio de Argel denominado hoy El Harrach, y aprobada por la Iglesia en 1908.

Entre tanto, el arquitecto, arqueólogo y misionero protestante alemán Conrad Schick, instalado en Jerusalén desde mediados del siglo XIX, descubrió un enorme tanque de agua y pudo verificar con sus propios ojos, tras un exhaustivo estudio del estanque, que coincidía al pie de la letra con la descripción efectuada por san Juan.

Se comprobó, de este modo, que la piscina de Betesda era de forma rectangular o más bien de planta ligeramente trapecial y que, en realidad, constaba de dos grandes estanques distanciados entre sí por una estrecha franja de roca y enmarcados cada uno de ellos por dos pórticos. De ahí que tuviese los cuatro pórticos habituales y que el quinto, al que alude Juan, fuese, en realidad, el que separaba por el centro una piscina de otra mediante una galería con columnas, tal y como había explicado ya el erudito y asceta cristiano Orígenes de Alejandría en el siglo tercero.

Bajo esas cinco galerías o pórticos que enmarcaban la doble alberca de ciento veinte metros de largo por sesenta de ancho, se congregaban los enfermos que acudían allí esperanzados en las propiedades curativas del agua, razón por la cual en algunos textos se conoce a la piscina con el nombre de Bethesda o «casa de la misericordia».

Juan detalla que el paralítico en cuestión y otros tantos enfermos aguardaban a que el agua fuese removida por el «Ángel del Señor» para sumergirse en ella y poder beneficiarse así de sus propiedades curativas. De este modo, el primero que lograba introducirse en la alberca quedaba curado al instante cualquiera que fuese su dolencia. El agua ejercía su virtud curativa a raíz de la turbulencia que se producía en ella por la acción del «Ángel del Señor», conocido en el Antiguo Testamento por el «Ángel de Yahvé», es decir, mediante el poder del mismo Dios, sirviéndose de la intervención de causas naturales. De hecho, Juan deja muy claro que el milagro no es consecuencia de la propiedad medicinal del agua, sino de la actuación directa de Jesús.

Las propiedades curativas del agua se atribuían también a la piscina de Siloé, cuyo nombre significa «el Enviado», en clara alusión al canal por el que «se enviaba» el agua. Pero de modo muy especial a la interpretación de Juan, según la cual la denominación de Siloé hace referencia al mismo Jesús, «el verdadero Enviado de Dios». La alberca mide hoy alrededor de dieciséis metros de largo por casi cinco metros de ancho y sus ruinas muestran que, al igual que la piscina de Betesda, estuvo rodeada de pórticos.

Una vez más, la arqueología estrechó su mano con la de los Evangelios y pudo intuirse así que la piscina fue obra de Simón Macabeo, promovida sin duda por la fastuosidad del gran impulsor Herodes el Grande, principal artífice de la «moderna» Cesarea Marítima. Del testimonio de Jesús Ben Sirá, escriba judío helenístico y alegorista de Jerusalén, además de autor del Libro Eclesiástico, se desprende también la identidad del constructor de la doble alberca:

> Fue Simón, hijo de Onías, sumo sacerdote, quien en su vida restauró la casa y en sus días fue consolidado el santuario. Y por él fueron echados los cimientos de doble altura, el alto contrafuerte que rodea el templo. En sus días fue cavado el estanque de aguas, receptáculo de bronce semejante al mar por su perímetro (Eclo 50, 1-3).

Se ha podido comprobar que las dos albercas no se encuentran a la misma altura, lo cual facilita el trasvase de agua de la más elevada, la situada al norte, a la de abajo, algo más extensa. El análisis del gran hallazgo arqueológico proporciona otros datos muy interesantes, como los trece metros de profundidad de ambas piscinas y sus paredes revocadas de yeso para evitar las filtraciones del agua procedente de la lluvia. También se han hallado las escaleras de piedra por las que se descendía desde los pórticos hasta el agua de la piscina, así como diversos fragmentos de los capiteles y columnas del pórtico cuya altura debía de alcanzar los ocho metros.

El lugar se identificó y veneró desde muy antiguo, ya que en el año 450 un peregrino llamado Pedro el Ibérico contempló allí un templo dedicado al paralítico de la curación, aunque más tarde se perdiese su memoria, oculta bajo los escombros y detritus de la villa. El testimonio de Pedro el Ibérico no pierde relevancia por eso, pues su eminente figura como príncipe real de la Iberia del Cáucaso, teólogo y filósofo georgiano emerge con fuerza en el cristianismo primitivo como uno de los fundadores del neoplatonismo.

Agua de color «sangre»

Curiosamente, el agua de una de las dos piscinas solía adquirir un color rojizo, con cierto parecido al de la sangre licuada, tal y como observa Eusebio de Cesarea, obispo de esta ciudad durante casi veinticinco años, exégeta y padre de la Iglesia en el siglo IV.

Además de Juan Evangelista, otros autores como el ahora citado, quien prefería ser llamado Eusebius Pamphili en memoria de su maestro y amigo Pamphilius el Mártir, se han hecho eco de la existencia de la piscina de Betesda. En el *Onomasticón* compilado por Eusebio de Cesarea, un directorio de nombres de lugares o *nomenclátor* considerado el gran tesoro de los geógrafos históricos para el conocimiento de la Palestina y Transjordania de la época, él escribe esto mismo bajo el epígrafe de «Betzata» que tanto nos interesa ahora:

> Piscina en Jerusalén conocida como la piscina Probática y construida con cinco pórticos. Consta de dos albercas gemelas, cada una de las cuales se aprovisiona de las precipitaciones de cada año. La segunda alberca contiene agua de un extraño color rojizo, como si fuera el signo de los enfermos que se purificaban sumergiéndose en ella. De ahí su denominación de Probática, en alusión a los sacrificios.

Existen numerosos testimonios posteriores al relato de Juan sobre la existencia de esta icónica piscina donde Jesús obró uno de los más grandes y sonados milagros de su vida pública. La manifestación de Cirilo de Jerusalén, proclamado doctor de la Iglesia en 1882 por León XIII y nacido en el año 315 en la ciudad judía por excelencia al comienzo de la era Constantiniana, es sin duda una de las más significadas. Con treinta años, Cirilo fue ordenado sacerdote e impartió sus célebres veinticuatro catequesis a los catecúmenos para recibir el sacramento del bautismo. En su *Homilía sobre el paralítico de la piscina,* pronunciada en el año 348, el mismo en que fue consagrado obispo de Jerusalén, alude así a la doble alberca de Betesda: «En Jerusalén se encontraba la llamada piscina Probática construida con cinco pórticos, cuatro de los cuales estaban situados alrededor y el quinto en el centro, donde había numerosos enfermos».

Además de Eusebio de Cesarea y de Cirilo de Jerusalén, contamos con las manifestaciones de dos peregrinos anónimos de Burdeos (Francia) y Piacenza (Italia) que visitaron Jerusalén en los años 333 y 570, respectivamente, y que dieron fe igualmente de la existencia de la piscina de Betesda con toda clase de detalles, sin duda alguna escudados en el primer y más valioso testimonio evangélico de san Juan.

Del mismo modo, el monje y santo patriarca de Jerusalén Sofronio, nacido en Damasco, compuso un texto admirable sobre esta piscina en alusión a santa Ana, madre de María de Nazaret, extractado por los estudiosos Germano Lori, Francesco Giosué y Mattia D'Ambrosi:

> Entraré en la santa Probática —escribe Sofronio—, donde la noble Ana dio a luz a María. Descendiendo en el templo, aquel templo de la purísima Madre de Dios, abrazaré, besándolos, aquellos muros tan queridos para mí. No pasaré a la ligera por en medio del foro, donde nació en los paternos tálamos la Virgen María y desde donde ascendió el paralítico desde el suelo, tomando aquella camilla, ya curado por mandato del Verbo. ¡Contemplaré de nuevo aquel lugar! Con ánimo gozoso, me alegraré en aquel aposento que durante un tiempo acogió el cuerpo de María, la Madre de Dios (Anacr 20).

Alude Sofronio al recuerdo existente desde los primeros tiempos de una gruta muy cercana a la piscina de Betesda en la que, según las tradiciones originadas en el Protoevangelio de Santiago, se hallaba la casa de Joaquín y Ana, donde nació la Virgen María. Situada junto a las ruinas de la doble alberca, la Iglesia de Santa Ana conmemora esta tradición apócrifa, según la cual habría estado allí mismo la casa de los padres de María de Nazaret.

Debajo del templo existe una pequeña cripta que comunica directamente aquel con la supuesta casa natal. La iglesia es de estilo románico-cruzado y constituye todo un ejemplo por su gran sobriedad, siendo la mejor conservada de la época de Jesús en toda Palestina. Desde 1856, pertenece al Gobierno francés que ha encomendado su custodia a los padres blancos.

La piscina en el arte

Hasta el sensacional descubrimiento arqueológico de la piscina de Betesda, artistas de todas las épocas debieron conformarse con reflejar fielmente en sus obras la descripción efectuada por Juan en su Evangelio. Tal es el caso, por ejemplo, del pintor barroco español Bartolomé Esteban Murillo en su lienzo *Curación del paralítico en la piscina Probática,* de 1670, conservado hoy en la National Gallery de Londres.

El texto bíblico proporcionó así la excusa perfecta al artista sevillano para plasmar en su óleo un paisaje arquitectónico muy profundo y elaborado, con pórticos y balaustradas, inspirado en el Veronés según algunos críticos.

Murillo construye una de sus mejores perspectivas aéreas al escalonar los planos entre el nutrido grupo de Jesucristo, la pareja de enfermos situados en el plano medio, y el luminoso arco abierto del fondo. La atención se concentra, como es natural, en el primer plano de Jesús y sus apóstoles observando con suma atención y condescendencia al anciano paralítico poco antes de su milagrosa curación.

Añadamos, a modo de curiosidad, que el cuadro de Murillo acabó en Londres tras el saqueo del patrimonio artístico de Sevilla a manos de las tropas napoleónicas comandadas por el mariscal Soult, en 1810. Adquirido para una colección privada británica en 1847, el lienzo pasó por diferentes manos hasta llegar finalmente en 1950 a la National Gallery.

Años después de Murillo, hacia 1724, el pintor italiano Giovanni Paolo Panini compuso otra espléndida obra titulada *La piscina Probática,* la cual se custodia hoy en el Museo Nacional Thyssen-Bornemisza de Madrid. Pintada por Panini en Roma, el centro de la tela lo ocupa el estanque o alberca, enmarcado en tres de sus lados por altos pórticos corintios para abrirse en el cuarto a una gran escalinata. Resulta obvio que Panini ignoraba entonces la existencia de las dos grandes albercas que integraban el complejo de la piscina de Betesda, por la sencilla razón de que en el pasaje evangélico se refiere un solo estanque sin especificar que, en realidad, se trataba de dos casi gemelos.

De todas las versiones pictóricas conocidas del milagro de la piscina de Betesda, Mar Borobia, jefe de Conservación de Pintura Antigua de la Fundación Colección Thyssen-Bornemisza, destaca también la de la colección Canessa, en Roma; la de Múnich, Bayerische Staatsgemäldesammlungen, donde la arquitectura abre un espacio circular detrás de la piscina representada en primer término, y la de la colección Norbert Pokotta, donde una pirámide cierra el lado izquierdo de la alberca.

Negro sobre blanco

De entre la abundancia de testimonios actuales sobre la piscina Probática, uno de los que sobresale es sin duda el del arqueólogo y sacerdote Florentino Díez Fernández, autor de la ya clásica *Guía de Tierra Santa,* quien ha acreditado conocer cada rincón de Israel o de Palestina mejor incluso que el pasillo de su casa.

Su descripción de la piscina de Betesda condensa, en este sentido, cada uno de los aspectos tratados hasta ahora y no tiene desperdicio alguno a la hora de profundizar, nunca mejor dicho, en las aguas donde fue curado el paralítico del Evangelio y en cuya memoria se construyó el templo bizantino de Santa María de la Probática del que habla san Cirilo de Jerusalén. Escribe así Florentino Díez:

> Frente al pórtico de entrada, al otro lado del jardín, más allá de la iglesia [de Santa Ana], están las ruinas de lo que en tiempos de Jesús fue la piscina de Betesda. Un canal la unía con el templo, donde se utilizaba su agua. Como en tantos otros lugares, el paso del tiempo ha dejado también aquí su profunda huella. Escombros y construcciones posteriores sobrepuestas apenas dejan ver algunos restos, muy destruidos, de la antigua piscina en los estratos más profundos puestos al descubierto por los arqueólogos.

> Estos pueden verse a la izquierda; es decir, del lado oeste, en el fondo: se aprecia un descenso de oeste a este en forma de escalinata, y un muro del lado norte, todavía con parte del revoque que impedía la filtración del agua. La piscina estaba rodeada de cuatro pórticos, y un quinto pórtico la dividía en dos estanques desiguales.
>
> Sobre este pórtico son visibles todavía las ruinas de la Iglesia bizantina de Santa María de la Probática, de tres naves, construida a principios del siglo V en recuerdo de la curación del paralítico. Puede notarse que solo la parte occidental de la basílica descansaba sobre dicho pórtico, mientras que la parte oriental, la delantera de la basílica, descansaba sobre una serie de grutas pequeñas, de techo abovedado, situadas fuera de la piscina.
>
> En este ambiente de grutas con baños excavados en la roca, han aparecido exvotos y otros restos alusivos a un culto pagano a algún dios curandero, o al dios clásico de la medicina, Esculapio. Si este culto —como parece lo más probable— data aquí del período de Aelia Capitolina, puede pensarse en buena lógica, teniendo en cuenta la conducta romana, que anteriormente hubo ya, junto a la piscina, algún culto cristiano en recuerdo de la curación del paralítico. Puede pensarse que, de existir este culto pagano aquí en tiempos de Jesús, ni los judíos ni él mismo se hubieran acercado por aquí, muy probablemente.
>
> Los cruzados encontraron el lugar en ruinas (probablemente destruido por los persas en el año 614) y construyeron una pequeña iglesia sobre la mitad occidental de las ruinas de la basílica bizantina, cuyos restos son visibles todavía.

Florentino Díez alude así a la impagable aportación de la arqueología al relato evangélico, dado que debajo de la cabecera de la basílica bizantina, situada al este de ambas piscinas, se han excavado los restos de unas edificaciones romanas del siglo segundo, hallándose bóvedas subterráneas, galerías, suelos de mosaico y baños de un antiguo balneario pagano dedicado a Esculapio. En aquel lugar los enfermos quedaban curados también al parecer, si nos atenemos al testimonio contenido en una inscripción votiva de una mujer llamada Pompeya Lucilia, exhumada durante las excavaciones.

Del mismo modo, se ha descubierto parte de un relieve con la figura de Esculapio-Serapis, fruto de un sincretismo entre el greco-romano *Asklepiós/Aesculapius* y el egipcio *Serapis.* Esta sería la divinidad venerada en aquel santuario de la Jerusalén del siglo segundo, conocida como Aelia Capitolina, a la que alude precisamente Florentino Díez.

El arqueólogo español Joaquín González Echegaray, en su ejemplar estudio *Arqueología y Evangelios,* cavila sobre el hecho de que el balneario pagano hubiese podido construirse sobre un antiguo lugar de baños y, posiblemente también, sobre un santuario de la época de Jesús cuya agua provendría de la piscina de Betesda:

> Sea lo que fuere —advierte—, la indudable existencia allí de un santuario medicinal en los tiempos del emperador Adriano, por cierto, gran propagador del culto a Serapis en todo el imperio, indica una «interpretación» pagana de la vieja creencia de que aquel era un sitio donde se producían curaciones por causas naturales o sobrenaturales.
>
> La narración evangélica se halla en este contexto, y la curación del paralítico por Jesús no vendría sino a reforzar

la veneración por el lugar. Por otra parte, la conversión en templos paganos de lugares venerados por los judíos o por las primeras generaciones cristianas es un hecho bien comprobado. Así sucedió con el templo de Jerusalén, convertido en santuario de Júpiter, con el calvario sobre el que se levantó una estatua de Venus, o con la cueva de Belén y sus alrededores, transformados en «bosque sagrado» de Adonis.

Curar en sábado

En su narración del milagro, Juan refiere que aquel día era sábado y se celebraba una gran fiesta religiosa en Jerusalén, sin especificar cuál era. Podría tratarse de la fiesta principal o Pascua de aquel año, el 28 de nuestra era, registrada el 14 del mes de *Nisán,* que en el calendario cristiano corresponde al 28 de abril.

Juan nos informa también de que los judíos presentes aquel día en la piscina de Betesda censuraron el milagro porque era sábado y ese día estaba consagrado a Dios por una ley inviolable. Como advierte José Antonio de Sobrino en su lúcida obra *Así fue Jesús. Vida informativa del Señor,* los rabinos contemplaban hasta treinta y nueve formas distintas de quebrantar el precepto y una de ellas era, precisamente, «transportar un objeto de un lado para otro».

En el caso que nos ocupa se trataba de la camilla del paralítico y nada importaba que estuviese ocupada o no. Simplemente con la orden dada por Jesús —«Levántate, toma la camilla y anda», como refiere Juan— fue más que suficiente para violar el precepto legal y provocar el enérgico rechazo de los judíos. El propio enfermo ya curado, al reencontrarse luego con Jesús, le hizo partícipe de la unánime condenación de los judíos por haberle sanado en sábado.

No es la primera vez que Jesús resulta amonestado y perseguido por ello. Mateo refiere el episodio de los discípulos a su paso por un trigal, quienes, muertos de hambre, arrancan unas espigas para llevárselas a la boca. El conflicto con los fariseos, como aclara José Antonio de Sobrino, no consiste en el simple acto de desprender las espigas del campo sembrado, lo cual estaba permitido por la ley, sino en hacerlo el sábado. De algún modo, al arrancar las espigas los apóstoles estaban recogiendo las mieses, haciendo la siega, que era precisamente una de las tareas prohibidas en sábado.

Todavía tuvo que soportar Jesús de nuevo las críticas airadas de los fariseos, tal y como refieren Mateo, Marcos y Lucas en sus Evangelios. Sucedió esta vez en el interior de una sinagoga, probablemente la de Cafarnaúm, donde Jesús curó el brazo derecho atrofiado de un hombre. Los fariseos se enfurecieron de tal modo con Jesús por haberle sanado en sábado, que los evangelistas advierten que a su salida de la sinagoga se aliaron con los herodianos para planear la forma de acabar con su vida.

Ante comportamientos tan farisaicos, el Maestro pronunció un memorable discurso en Jerusalén con motivo de la curación del paralítico en la piscina de Betesda, narrado por Juan a continuación del milagro:

Respondió, pues, Jesús, diciéndoles: «En verdad, en verdad os digo que no puede el Hijo hacer nada por sí mismo, sino lo que ve hacer al Padre; porque lo que este hace, lo hace igualmente el Hijo. Porque el Padre ama al Hijo y le muestra todo lo que Él hace, y le mostrará aún mayores obras que estas, de suerte que vosotros quedéis maravillados.

Como el Padre resucita a los muertos y les da vida, así también el Hijo a los que quiere les da la vida. Aunque el Padre no juzga a nadie, sino que ha entregado al Hijo todo el poder de juzgar. Para que todos honren al Hijo como honran al Padre. El que no honra al Hijo no honra al Padre, que le envió.

En verdad, en verdad os digo que el que escucha mi palabra y cree en el que me envió, tiene la vida eterna y no es juzgado, porque pasó de la muerte a la vida. En verdad, en verdad os digo que llega la hora, y es esta, en que los muertos oirán la voz del Hijo de Dios, y los que la escucharen vivirán. Pues así como el Padre tiene la vida en sí mismo, así dio también al Hijo tener vida en sí mismo, y le dio poder de juzgar, por cuanto Él es el Hijo del hombre.

No os maravilléis de esto, porque llega la hora en que cuantos están en los sepulcros oirán su voz y saldrán: los que han obrado el bien, para la resurrección de la vida, y los que han obrado el mal, para la resurrección del juicio. Yo no puedo hacer por mí mismo nada; según lo oigo, juzgo, y mi juicio es justo, porque no busco mi voluntad, sino la voluntad del que me envió» (Jn 19-30).

La disertación de Jesús es de tal hondura, que escapa a las mentes y, sobre todo, a los corazones de quienes le acusan por no respetar el sábado, obcecados en la superficie de las cosas materiales o en las apariencias legales. No se trata, por tanto, del mero hecho de llevar una camilla, de comer unas espigas o de sanar un brazo atrofiado, sino de la manifestación del poder curativo del Hijo del hombre como reflejo de la vida del Padre que culmina en la resurrección. Y este prodigio verbal se obró también aquel día en la piscina de Betesda.

3
La «Barca de Jesús»

> Subió, pues, a una de las barcas, que era la de Simón,
> y le rogó que se apartase un poco de tierra, y sentándose,
> desde la barca enseñaba a las muchedumbres.
>
> Lucas 5, 3

Jesús se retiraba a la montaña para orar, pero en el mar transcurrió también buena parte de su predicación y obró algunos de sus más grandes milagros.

Habitó y recorrió así los poblados en las orillas del lago de Genesaret durante sus tres años de vida pública, y subió a la barca para desplazarse de una ribera a otra del mar y predicar a las multitudes incluso desde ella misma. Padeció tempestades, contempló las faenas de pesca y hasta los Evangelios nos dicen que anduvo sobre las aguas. Y, por si fuera poco, recurrió a la vida marítima a la hora de comparar alguno de sus aspectos con el Reino de los Cielos, sin olvidar tampoco que muchos de sus discípulos eran pescadores.

Con razón, los estudiosos Crossan y Reed incluyen a la barca de pesca encontrada en las riberas del lago de Genesaret, en el valle israelí Nahal Tzalmon, como uno de «los diez principales descubrimientos arqueológicos para exhumar a Jesús», en sus propias palabras.

Si se tiene en cuenta que el historiador Flavio Josefo cifraba en doscientas treinta las embarcaciones existentes en el lago en su época, ¿era entonces la barca hallada por arqueólogos judíos, en enero de 1986, la misma a la que se subió Jesús tantas veces acompañado por sus discípulos? Sobre tan increíble hallazgo nos detendremos con sumo detalle enseguida.

La gran confusión

Centrémonos antes en el escenario marítimo por antonomasia donde existe constancia evangélica de la estancia de Jesús: el lago de Genesaret.

Para el pueblo judío, la actividad marítima en el Mediterráneo se centraba en los lagos o mares interiores, dado que la salida al Índico a través del golfo de Áqaba se hallaba fuera del control de las autoridades hebreas.

Persiste aún hoy cierta confusión cuando los evangelistas aluden al lago de Genesaret con otros nombres distintos. Juan, por ejemplo, se refiere a él como el «mar de Tiberíades»: «Después de esto partió Jesús al otro lado del mar de Galilea, de Tiberíades, y le seguía una gran muchedumbre, porque veían los milagros que hacía con los enfermos» (Jn 6, 1).

El «mar de Tiberíades», según Juan, fue también el marco escogido por Jesús para la consumación de su pesca milagrosa:

> Después de esto se apareció Jesús a los discípulos junto al mar de Tiberíades, y se apareció así: Estaban juntos Simón

Pedro y Tomás, llamado Dídimo; Natanael, el de Caná de Galilea, y los de Zebedeo, y otros dos discípulos. Díjoles Simón Pedro: «Voy a pescar». Los otros le dijeron: «Vamos también nosotros contigo». Salieron y entraron en la barca, y en aquella noche no pescaron nada. Llegada la mañana, se hallaba Jesús en la playa; pero los discípulos no se dieron cuenta de que era Jesús.

Díjoles Jesús: «Muchachos, ¿no tenéis en la mano nada que comer?». Le respondieron: «No». Él les dijo: «Echad la red a la derecha de la barca y hallaréis». La echaron, pues, y ya no podían arrastrar la red por la muchedumbre de los peces. Dijo entonces aquel discípulo a quien amaba Jesús: «¡Es el Señor!». Así que oyó Simón Pedro que era el Señor, se ciñó la sobretúnica —pues estaba desnudo— y se arrojó al mar. Los otros discípulos vinieron en la barca, pues no estaban lejos de tierra, sino como unos doscientos codos, tirando de la red con los peces. Así que bajaron a tierra, vieron unas brasas encendidas y un pez puesto sobre ellas y pan. Díjoles Jesús: «Traed los peces que habéis pescado ahora». Subió Simón Pedro y arrastró la red a tierra, llena de ciento cincuenta y tres peces grandes; y con ser tantos, no se rompió la red (Jn 21, 1-11).

Si Juan denomina «mar de Tiberíades» al lago de Genesaret, Mateo y Marcos aluden a él como el «mar de Galilea». Nada mejor para ambientarse en la atmósfera marítima de la época que recurrir de nuevo a los pasajes evangélicos, como este otro donde Mateo refiere la elección de los primeros discípulos de Jesús:

> Caminando, pues, [Jesús] junto al mar de Galilea vio a dos hermanos: Simón, que se llama Pedro, y Andrés, su hermano, los cuales echaban la red en el mar, pues eran pescadores; y les dijo: «Venid en pos de mí y os haré pescadores de hombres». Ellos dejaron al instante las redes y le siguieron. Pasando más adelante vio a otros dos hermanos: Santiago el de Zebedeo y Juan, su hermano, que en la barca, con Zebedeo, su padre, componían las redes, y los llamó. Ellos, dejando luego la barca y a su padre, le siguieron (Mt 4, 18).

Marcos también alude al lago de Genesaret como «mar de Galilea»: «Saliendo de nuevo de los confines de Tiro, [Jesús] se fue por Sidón hacia el mar de Galilea, atravesando los confines de la Decápolis» (Mc 7, 31).

Solo Lucas, de entre los cuatro evangelistas sinópticos, menciona el lago de Genesaret por su verdadero nombre geográfico:

> Agolpándose sobre Él la muchedumbre para oír la palabra de Dios, y hallándose junto al lago de Genesaret, vio dos barcas que estaban al borde del lago; los pescadores, que habían bajado de ellas, lavaban las redes. Subió, pues, a una de las barcas, que era la de Simón, y le rogó que se apartase un poco de tierra, y sentándose, desde la barca enseñaba a las muchedumbres (Lc 5, 1-3).

También el historiador Flavio Josefo cita el lago por su auténtico nombre de Genesaret, lo mismo que se hace en el Libro de los Macabeos: «Entre tanto acampó Jonatán con su ejército junto a las aguas de Genesaret, y muy de madrugada se puso en marcha hacia la llanura de Asor, donde encontró al ejército extranjero, que había puesto una emboscada en los montes» (Mac 1, 67-68).

De este modo, el lago de Genesaret, el mar de Tiberíades o el mar de Galilea, como quiera llamárseles, eran en realidad un mismo lago. También sabemos que la mitad al menos y los más significados de los doce apóstoles eran marineros. Empezando por Pedro y su hermano Andrés, hijos de Juan, naturales de Betsaida y vecinos de Cafarnaúm, que tenían en propiedad una embarcación con aparejo de pesca y también echaban las redes desde tierra.

Una vez más, gracias a la arqueología en este caso, se sabe que Pedro residía en una casa muy próxima a la orilla del lago de Genesaret. Los también hermanos Santiago y Juan, hijos de Zebedeo, poseían otra barca con redes y aparejos. Y además de ellos, Tomás, apodado el Mellizo, y Natanael acompañaban durante la pesca a Pedro, Santiago y sus respectivos hermanos, como refiere Juan al narrar la escena de la pesca milagrosa.

El lago de Genesaret

Jesús desarrolló su actividad marítima en el lago de Genesaret, y no en el mar Muerto, que era el otro lago existente entonces. Ambos eran de considerable extensión, razón por la cual se les sigue denominando mares incluso hoy en día.

A diferencia del lago de Genesaret, el mar Muerto es de agua salada y servía de uso exclusivo para la navegación comercial por su falta de pesca. Prueba de ello es que en el mapa-mosaico de Mádaba, de la época bizantina, se representa al mar Muerto surcado por dos naves de carga. El lago de Genesaret es, por el contrario, de agua dulce y sigue siendo hoy navegable y apto para la pesca como lo demuestra el hecho de que en sus riberas vivan todavía marineros y trabajadores del mar.

Genesaret es la versión griega del término hebreo *Kinneret,* derivado a su vez de la palabra *kinnor,* que significa «cítara». Siguiendo la etimología, se ha pretendido fundamentar el nombre del lago por su forma semejante a la caja trapezoidal de ese instrumento musical. Pero, como advierte con tino el arqueólogo español Joaquín González Echegaray, la denominación del lago procedería en realidad de la antigua ciudad Kinneret, levantada en las mismas orillas del lago y cuyas ruinas han sido excavadas ya por arqueólogos alemanes en Tell el-Ureimeh. El nombre de la ciudad aparece citado con cierto matiz ortográfico en el Libro de los Números del Antiguo Testamento: «Bajará de Sefama a Rebla, al este de Ain, descendiendo de aquí al oriente hasta el mar de Queneret» (Nm 34, 11).

Insistamos en que es fácil entender, dadas sus casi inconmensurables proporciones, las distintas denominaciones de «mar de Galilea» o «mar de Tiberíades» tan extendidas en la época de Jesús para referirse al lago de Genesaret. Mide este más de veinte kilómetros de norte a sur, por otros doce kilómetros de este a oeste en su parte más ancha. Su extensión total alcanza los ciento sesenta y cinco kilómetros cuadrados, con una profundidad máxima de cuarenta y cinco metros.

La superficie del lago se encuentra a doscientos doce metros bajo el nivel del Mediterráneo y a poco más de cuarenta kilómetros de distancia de este.

La ribera oriental aparece coronada por los Altos del Golán, con escarpes de hasta cuatrocientos metros de desnivel. Las riberas del norte y sur carecen de montañas, pero a poniente las franjas montuosas de la Baja Galilea llegan casi hasta la orilla en el tramo sur. Al contrario que en el norte, donde se extiende una paradisíaca llanura de unos seis kilómetros de largo por tres de ancho que contrasta con el resto de la costa del lago, más bien árida.

Josefo quedó prendado de la belleza de aquella llanura, donde asegura en sus crónicas que crecían las especies más variopintas de árboles, desde nogales, manzanos y palmeras, hasta higueras y olivos.

Y qué decir sobre la variedad de ciudades y poblados importantes asentados en sus orillas, recorridas palmo a palmo por Jesús con sus discípulos. Cafarnaúm se halla en el ángulo noroeste y, algo más al suroeste, el poblado que da nombre al lago, Genesaret, a donde se llega por la Via Maris (Camino del Mar) que lo bordea, tras una caminata de unos cinco kilómetros.

La Via Maris se llamaba así porque transcurría junto a la ribera del Mediterráneo a través de las llanuras costeras para dejar a un lado las zonas montañosas, las gargantas y los desiertos. Jesús debió de curtirse el rostro y las piernas recorriendo de un extremo a otro esta vía, convertido en un consumado andarín.

En el lugar llamado hoy Hirbet Miniya se hallaron los restos de una fortaleza romana de comienzos del siglo segundo que podrían coincidir con la misma localidad de Genesaret citada por Marcos en su Evangelio. Al suroeste del lago también se encuentra Magdala o Tariquea, la ciudad de María Magdalena situada a unos doce kilómetros de Cafarnaúm siguiendo el mismo curso de la Via Maris. Magdala es la versión griega del término hebreo *Migdol,* que significa torre. En el Talmud se denomina a esta localidad «Torre del Pescado» porque, entre otras razones, albergaba numerosas fábricas de salazón.

El nombre alternativo de Magdala, Tariquea, deriva a su vez del término *tárichos,* que significa «pescado salado», una de las tres formas de consumir este alimento en la época de Jesús. Juan nos indica que se tomaba asado: «Así que bajaron a tierra, vieron unas brasas encendidas y un pez puesto sobre ellas y pan» (Jn 21, 9).

También se preparaba en escabeche, pero la forma más habitual era comerlo en seco, como en el caso del muchacho aprovisionado del pescado y pan que sirvieron a Jesús para obrar el milagro de la multiplicación, como también nos cuenta Juan: «Díjole uno de sus discípulos, Andrés, el hermano de Simón Pedro: "Hay aquí un muchacho que tiene cinco panes de cebada y dos peces; pero esto, ¿qué es para tantos?"» (Jn 6, 8-9).

Resulta obvio que el pescado fresco se pudriría al cabo de los días y, sobre todo, si estaba en la zona más desértica alrededor del lago de Genesaret, donde Mateo sitúa la segunda multiplicación de los panes y los peces realizada por Jesús:

> Jesús llamó así —relata el evangelista— a sus discípulos y dijo: «Tengo compasión de la muchedumbre, porque hace ya tres días que están conmigo y no tienen qué comer; no quiero despedirlos ayunos, no sea que desfallezcan en el camino». Los discípulos le contestaron: «¿De dónde vamos a sacar en el desierto tantos panes para saciar a tanta muchedumbre?». Díjoles Jesús: «¿Cuántos panes tenéis?». Ellos contestaron: «Siete y algunos pececillos». Y mandando a la muchedumbre que se recostara en tierra, tomó los siete panes y los peces y, dando gracias, los partió y se los dio a los discípulos, y estos a la muchedumbre. Y comieron todos y se saciaron, y se recogieron de los pedazos que quedaron siete espuertas llenas. Los que comieron eran cuatro mil hombres, sin contar las mujeres y los niños. Y despidiendo a la muchedumbre, subió a la barca y vino a los confines de Magadán (Mt 15, 32-39).

Magdala tenía alrededor de cuarenta mil habitantes en el año 67 y a ella alude el célebre geógrafo y naturalista latino del siglo primero Plinio el Viejo con el nombre más generalizado de Tariquea, con el cual bautiza también al lago de Genesaret, llamándolo así mar de Tariquea.

Citada también por Josefo, la ciudad no consta expresamente en los Evangelios, pero debió de ser visitada por Jesús en diversas ocasiones, dado que su paso es obligado en la ruta seguida por el Nazareno. A unos cuatro kilómetros al sureste de Magdala, siguiendo la Via Maris, se halla la gran ciudad de Tiberias, capital de la tetrarquía de Antipas. El sureste del lago era territorio dependiente de la ciudad de Gadara, encuadrada en la Decápolis.

González Echegaray es tal vez el autor que mejor ha estudiado la historia y características del lago de Genesaret, donde transcurrió una parte importante de los tres años de vida pública de Jesús:

> En realidad —puntualiza el arqueólogo sobre el lago—, se trata de los restos de un antiguo mar interior, que los geólogos designan con el nombre de mar de Lisán, que a principios del Pleistoceno (hace tres millones de años) rellenaba toda la fosa tectónica del Jordán, incluyendo el mar Muerto.
>
> En la actualidad, se ha convertido en un complejo sistema en el que alternan corrientes fluviales y lagos. En efecto, el Jordán, a poco de nacer en sus múltiples fuentes, forma el pequeño lago Hulé. Desde el sur de este parte de nuevo la corriente fluvial para originar más adelante el lago de Genesaret. A su vez, en la ribera sur de este se origina de nuevo una corriente fluvial que en forma de desagüe natural del lago constituye lo que llamamos Bajo Jordán, el cual, tras un largo recorrido en que recibe importantes afluentes, viene a morir en el mar Muerto.
>
> Aquí el agua es ya muy salada, no solo debido al simple aporte de sales que el río recoge al erosionar las areniscas de sus riberas, sino principalmente por la enorme evaporación que sufre este mar y que favorece la concentración salina en sus aguas. El mar Muerto, situado en lo más profundo de la fosa tectónica, llega a tener profundidades de hasta cuatrocientos metros por debajo del nivel de su superficie.
>
> El lago de Genesaret es, pues, una fase de todo ese complicado sistema hidráulico, pero, dada su situación casi al

principio del proceso, sus aguas son frescas, limpias y dulces, lo que proporciona una riqueza considerable a todo el contorno, máxime tratándose de un país como Palestina que, por su situación, es más bien árido y en algunos casos verdaderamente desértico.

PESCADORES

Los Evangelios constituyen también un documento excepcional a la hora de reconstruir las labores de pesca en la época de Jesús. Sabemos así que en el lago de Genesaret transcurrieron las escenas de pesca narradas en los sinópticos y que el lugar ideal para echar las redes, por la plétora de peces en sus aguas, era la zona noroeste, donde se encuentra Cafarnaúm.

De hecho, los apóstoles-pescadores residían en esta ciudad, y algunos de ellos procedían de la localidad cercana de Betsaida-Julias, cuyo significado habla ya por sí solo: «Abundancia de pescado».

Enclavada en una extensión basáltica que forma uno de los montículos más grandes de Israel, la ciudad de Betsaida desciende desde la meseta del Golán hasta el lago de Genesaret. Hoy se localiza a poco más de dos kilómetros de la orilla del lago y a escasos cientos de metros del Jordán. Sus ruinas han sido excavadas por un equipo veterano de arqueólogos y ocupan ocho hectáreas de terreno a treinta metros por encima de la llanura de Betsaida. Desde la cima del montículo se divisa una maravillosa panorámica del lago entero.

Las excavaciones llevadas a cabo desde 1987 han exhumado de las entrañas de la tierra un barrio residencial con algunas viviendas particulares, entre ellas la conocida como «casa del pescador» entre los propios arqueólogos por la abundancia de utensilios de pesca descubiertos en ella: desde plomos para las redes, hasta anclas, agujas y anzuelos.

De entre todos esos objetos, llamó la atención de Rami Arav, director del proyecto de excavaciones de Betsaida en la Universidad estadounidense de Nebraska, el descubrimiento de un anzuelo sin curvar que, a su juicio, prueba la existencia de una pequeña industria de aparejos de pesca en tiempos de Jesús.

Sabemos también por los Evangelios que los apóstoles-pescadores de Jesús empleaban el anzuelo para faenar desde tierra o mar adentro, así como la combinación de varios de ellos en forma de palangre. Asimismo, utilizaban un sistema de redes de mediano tamaño, aunque con ciertas modalidades como la del redaño grande. Por último, recurrían a la red de arrastre desde tierra con ayuda de embarcaciones. Mateo alude a esta tercera clase de pesca al glosar una de las parábolas de Jesús: «Es también semejante el Reino de los Cielos a una red barredera, que se echa en el mar y recoge peces de toda suerte, y llena, la sacan sobre la playa, y sentándose, recogen los peces buenos en canastos, y los malos los tiran» (Mt 13, 47-48).

Jesús consideraba «peces malos», según la costumbre judía, los pertenecientes a la familia de los siluriformes de hasta cinco metros de longitud, con el cuerpo alargado y aplastado, además de barbillas largas en las mandíbulas, sobre todo en la inferior. De esos peces de agua dulce, pese a su sabor exquisito, no comían los judíos ortodoxos consecuentes con su fe. Al contrario que el *Tilapie,* más conocido como «pez san Pedro», el cual, como poseía escamas y aletas, se le consideraba puro por la ley judía tal y como se indica en el Levítico:

> He aquí los animales que entre los acuáticos comeréis: todo cuanto tiene aletas y escamas, tanto en el mar como en los ríos, lo comeréis; pero abominaréis de cuanto no tiene aletas y escamas en el mar y en los ríos, de entre los animales que se mueven en el agua y de entre todos los vivientes que en ella hay. Serán para vosotros abominación, no comeréis sus carnes y tendréis como abominación sus cadáveres. Todo cuanto en las aguas no tiene aletas ni escamas lo tendréis por abominación (Lv 11, 9-12).

En el *séder* Berajot, el primer tratado del orden de Zeraim de la Mishná y del Talmud, uno de los textos fundamentales de la Halajá o Ley judía, se dice que el pescado hace al hombre fecundo. Y, de hecho, este alimento bien asado y con mayor frecuencia curado al sol formaba parte de la dieta mediterránea en tiempos de Jesús. En el lago de Genesaret había pesca abundante, de lo cual da fe el propio Flavio Josefo: «Hay aquí —escribe el historiador— muchas clases de pescados, diferentes de los pescados de otras partes, tanto en sabor como en su género» (Bell. Iud. III, 508).

Había más de treinta especies distintas en el lago de Genesaret, tanto de cíclidos del tipo perca, como de ciprínidos, similares a la carpa, e incluso de silúridos como la anguila, estos últimos rechazados por los judíos a causa de la prohibición.

Tempestades

En ocasiones se ha puesto en tela de juicio, e incluso negado, la veracidad del pasaje evangélico de la tempestad calmada y de cualquier otro fenómeno tormentoso registrado en el lago de Genesaret, aduciéndose que era del todo imposible la formación de una fuerte borrasca en aquella especie de balsa de aceite o embalse gigantesco de agua dulce. Nada más lejos de la realidad.

Contemplemos, si no, el célebre episodio descrito por Marcos, Mateo y Lucas antes de aclarar semejante error:

> En aquel día les dijo —escribe Marcos—, llegada ya la tarde: «Pasemos al otro lado». Y despidiendo a la muchedumbre, le llevaron según estaba en la barca, acompañado de otros. Se levantó un fuerte vendaval, y las olas se echaban sobre la barca, de suerte que esta estaba ya para llenarse.
>
> Él estaba en la popa durmiendo sobre un cabezal. Le despertaron y le dijeron: «Maestro, ¿no te da cuidado de que perezcamos?». Y despertando mandó al viento y dijo al mar: «Calla, enmudece». Y se aquietó el viento y se hizo completa calma. Les dijo: «¿Por qué sois tan tímidos? ¿Aún no tenéis fe?». Y sobrecogidos de gran temor, se decían unos a otros: «¿Quién será este, que hasta el viento y el mar le obedecen?» (Mc 4, 35-41).

Resulta curioso cómo Lucas es el único evangelista de los cuatro que alude expresamente al «lago»: «Vino sobre el lago una borrasca y, a causa de la inundación [de la barca], estaban en peligro» (Lc 8, 23).

Era costumbre entonces entre los marineros que la persona de más categoría, en este caso Jesús, embarcase primero. Pedro debió de colocarse acto seguido al timón como experto patrón, al lado de Jesús, sentado en la popa y con un cabezal o cojín para reclinar la cabeza, tal y como refiere Marcos.

La barca emprendió la singladura por el lago con la última luz de la tarde filtrándose por las crestas del oeste. El estado apacible del agua, a causa del calor, no hizo predecir la inminente tormenta. De hecho, el sopor reinante adormeció finalmente a Jesús.

La tempestad desatada poco después debió de ser tan fuerte, que alarmó a los avezados marineros, con Pedro al frente, hasta el punto de despertar estremecidos al Maestro en busca de auxilio. Lucas emplea el término técnico en griego *leilaps,* que significa «torbellino de viento», mientras que Mateo tampoco se queda corto y describe el fenómeno como un «seísmo».

¿Qué sucedió, en realidad, en aquel extremo del lago, a bordo de aquella barca en peligro de anegarse mientras era zarandeada por un viento implacable y feroz? Por muy experimentados que fuesen, Pedro y el resto de los discípulos marineros tuvieron un miedo cerval en aquella nave sin cubierta por la que entraba el agua a borbotones y podía naufragar en cualquier momento si Jesús no lo remediaba. Pero el peligro cesó porque el viento y el mar le obedecieron sin rechistar.

Hubo, en efecto, un «torbellino de viento», como refiere Lucas. No en vano, los vientos provenientes del Mediterráneo, situado a más de doscientos metros por encima del lago de Genesaret, a veces se encajonan de modo brusco entre las vaguadas que descienden de la Baja Galilea a causa de la diferencia de presión, formándose violentos torbellinos como aquel que sacudió como una cáscara muerta la barca de Pedro.

La diferencia de temperatura entre la meseta y la depresión es muy apreciable. Los vientos borrascosos del oeste chocan desde lo alto con toda su furia contra las aguas del centro del lago y la superficie de este se encrespa de tal modo que se registran olas de más de dos metros. No es una altura excesiva para una embarcación moderna, pero sí para una barca tradicional como la de Pedro, sometida, por si fuera poco, a la acción propulsora del viento que amenazó, sin duda, con hundirla.

Los evangelistas registran otra tormenta, entrada la noche, con fuerte viento también. Mateo, Marcos y Juan presentan a Jesús caminando sobre las aguas del lago de Genesaret hasta tenderle la mano a Pedro, asustado de nuevo ante el grave peligro que le acechaba:

> La barca se había alejado de la tierra —escribe Mateo— muchos estadios, azotada por las olas, pues el viento le era contrario. En la cuarta vigilia de la noche vino a ellos andando sobre el mar. Al verle ellos andar sobre el mar, se turbaron

y decían: «Es un fantasma». Y de miedo comenzaron a gritar. Pero al instante les habló Jesús, diciendo: «Tened confianza, soy yo; no temáis». Tomando Pedro la palabra, dijo: «Señor, si eres tú, mándame ir a ti sobre las aguas». Él dijo: «Ven». Bajando de la barca, anduvo Pedro sobre las aguas y vino hacia Jesús. Pero, viendo el viento fuerte, temió, y comenzando a hundirse, gritó: «Señor, sálvame». Al instante, Jesús le tendió la mano, le agarró, diciéndole: «Hombre de poca fe, ¿por qué has dudado?». Y subiendo a la barca, se calmó el viento. Los que en ella estaban se postraron ante Él, diciendo: «Verdaderamente, tú eres hijo de Dios» (Mt 14, 24-33).

Doce más uno

Una barca igual o similar a la de Pedro que zozobró sobre las aguas de Genesaret, construida en el siglo primero y utilizada para la navegación hasta el año 70, aproximadamente, se halló en enero de 1986 en las riberas del lago como consecuencia de la fuerte sequía que asoló la región aquel año.

La falta de lluvias hizo retroceder el nivel de las aguas del lago dejando al descubierto a ojos de dos hermanos residentes en el kibutz de Ginnosar, en la ribera noroeste, el contorno del casco de una barca enterrado en el lodo cerca de Magdala. La nave debió de perder su vela y el ancla, siendo arrostrada mar adentro, donde no tardó en hundirse.

Con la crecida de las aguas, tras la horrible sequía, se complicó el rescate del casco y los arqueólogos de la Dirección de Antigüedades de Israel se vieron obligados a improvisar un dique con ayuda de unas bombas para contener la subida de la marea. Finalmente, mediante un armazón de yeso lograron reflotar la embarcación y sacarla de la orilla. Muy pronto, al sensacional descubrimiento se le conoció como la «Barca de Jesús», aunque, en opinión de James H. Charlesworth, esta no guarde conexión directa con Jesús ni con ninguno de sus primeros seguidores. Pero sin que eso signifique, en modo alguno, que su estudio no resulte de gran valor para la investigación histórica.

La barca, de unos doce metros de eslora (longitud), por casi dos metros y medio de manga (ancho), conserva la borda muy cerca del agua para que los pescadores pudiesen tirar con mayor facilidad de las redes repletas de peces hacia el interior de la nave. Esta característica que la diferencia de otras embarcaciones, la convierte, al mismo tiempo, en una lancha muy vulnerable a las olas provocadas por una tormenta, como las que sufrieron Jesús y sus discípulos según el Nuevo Testamento.

Datada por el Carbono 14 como del año 40, tras el análisis de sus planchas de madera se ha averiguado que la barca se fabricó en parte con cedro y debió de construirse en la cercana Magdala, habiendo naufragado como consecuencia de una fuerte tormenta. El hecho de que apareciese cubierta de sedimentos y de barro la protegió sin duda de las bacterias y de la descomposición, haciendo posible su datación en el tiempo.

No se sabe a ciencia cierta si la embarcación descubierta era de pesca o también de carga, pero sin duda sería similar a las de Pedro y los hermanos Zebedeo, con sus mismas características polivalentes. Su quilla se fabricó con un tronco de cedro del Líbano, pero la mayor parte de las planchas utilizadas eran de maderas inferiores e impensables para uso náutico, como el pino, el azufaifo y el sauce. Señal inequívoca de que el constructor no tuvo a mano los materiales idóneos, aunque acreditase gran preparación y destreza a la hora de fabricar una embarcación capaz de surcar las aguas durante años enteros.

En la nave sin cubierta cabían hasta trece personas, si bien algo apretadas. El número exacto que sumaban Jesús y sus doce discípulos. Avatares del destino.

4
El Santo Grial

Podemos asegurar que si existe el Santo Cáliz en algún lugar del planeta, es el que se custodia hoy en la Catedral de Valencia y, si no, sencillamente es que no existe.

Jorge M. Rodríguez, presidente del Centro Español de Sindonología

Pronto se convertiría en una de tantas heroínas anónimas. Pero hasta entonces, aquella mañana del martes 21 de julio de 1936, cuando el reloj marcaba las diez en punto, la joven María Sabina Suey Vanaclocha sintió que todo su cuerpo se estremecía, como el de un polichinela, mientras avanzaba a ritmo zigzagueante en dirección a su domicilio de la calle de las Avellanas, número 3, en la tercera planta de un sobrio edificio de la capital del Turia.

Arrimada al vestido de manga corta y sujeta por la mano, bajo la axila, como si llevase un periódico plegado junto a su fino antebrazo, María Sabina trataba de preservar a toda costa la más preciada reliquia de la Cristiandad. Una hora antes, había asistido a la celebración eucarística en el altar de la Santísima Trinidad de la Catedral de Valencia, en cuyo subsuelo existían ya restos arqueológicos de una calzada romana y vestigios visigóticos e incluso islámicos.

En el mismo instante de la consagración, mientras el sacerdote elevaba en sus manos la Sagrada Forma, el frenético vocerío de una muchedumbre proveniente del exterior, mezclado con el cántico ensordecedor de *La Internacional,* sobresaltó a los fieles sumidos en sus rezos. A la indicación apremiante del deán, uno de los sacristanes se incorporó como un resorte del reclinatorio para cerrar el templo por la llamada puerta de los Apóstoles, construida en el siglo XIV, de modo que nadie pudiese profanarlo. Aquella fue la última Misa celebrada en la Metropolitana durante la Guerra Civil.

VALENCIA, CIUDAD SIN LEY

Los lugares sagrados, entre los cuales sobresalía aquel imponente templo catedralicio cuya primera piedra la puso el obispo fray Andrés de Albalat el 22 de junio de 1262, estaban ya en el punto de mira del odio y la inquina de las hordas antirreligiosas desde hacía cinco años.

En mayo de 1931 ardieron así los conventos, como fallas valencianas, nunca mejor dicho, mientras se disolvía la Compañía de Jesús con el artículo veintiséis de la Constitución, se enajenaban los bienes de la Iglesia y hasta se establecían trabas a la religión católica en todas sus manifestaciones de culto.

El balance leído por el jefe de la minoría de Renovación Española en el Parlamento fue desolador: en tan solo cuatro meses, desde febrero hasta julio de 1936, se asaltaron e incendiaron casi un millar de templos y varios centenares de sacerdotes fueron expulsados de sus parroquias ante la pasividad de la Guardia Civil. Era fácil entender, de este modo, el miedo y la inseguridad de quienes profesaban la fe católica, y no solo ante la grave amenaza de sus propias vidas, sino también del patrimonio eclesiástico, cuyo Archivo del Arzobispado de Valencia acababa de ser destruido entonces con sus trece mil legajos que contenían lo más excelso de la historia regional y del antiguo reino desde el siglo XIV nada menos.

Por si fuera poco, el 19 de julio las turbas habían asaltado y saqueado ya el Colegio de Santo Tomás de Villanueva e incendiado la Parroquia de los Santos Juanes, sin detenerse ni tan siquiera ante los inigualables frescos del pintor cordobés del siglo XVII, Antonio Palomino de Castro y Velasco, que hacían refulgir los muros y las bóvedas del centro.

Insaciables, sañudos, malévolos, los enemigos del catolicismo desvalijaron también la Iglesia y el Convento de los Dominicos, como harían más tarde con el Monasterio del Puig, convertido en cárcel tras el asesinato de algunos de los monjes que allí vivían, cuyos cadáveres fueron arrojados como fardos al pozo del claustro; o a imagen y semejanza también del Convento de Santa Úrsula, transformado a su vez en checa comunista donde se torturaba sin limitación de ninguna clase.

Himmler en España

Capaces de tales desmanes, ¿qué no harían aquellos salvajes si el Santo Cáliz con el que Jesús celebró tal vez la Última Cena caía finalmente en sus siniestras garras? Se trataba probablemente del vestigio arqueológico más codiciado del mundo entero, que llevó al propio Heinrich Himmler, líder de las SS alemanas, a visitar la Abadía de Montserrat en octubre de 1940 con el único propósito de llevarse de allí el Santo Grial. El lugarteniente de Hitler estaba convencido de que el tesoro se ocultaba en aquel monasterio, a raíz de una antigua canción folclórica catalana en cuya letra se aludía a una «fuente de vida» escondida en el antiguo castillo sobre el que se edificó luego la abadía, entre los dentados peñascos del macizo.

Pero esa «fuente de vida» nada tuvo que ver al final con la copa sagrada que Himmler buscó sin desmayo, como el «Arca de la Alianza», en su vano intento de complacer a Hitler para enriquecer la mitología nazi con una reliquia capaz de subyugar a sus enemigos en la supremacía de la raza aria, por la sencilla razón de que aquella se encontraba ya a buen recaudo en la Catedral de Valencia y no en la Abadía de Montserrat.

Similar desencanto habrían experimentado Hitler y Himmler de haber sabido que la «Lanza del Destino», «Lanza Sagrada» o también llamada «Lanza de Longino», el soldado romano que clavó su punta en el costado de Jesús crucificado, era falsa. Obsesionados por la leyenda, según la cual quien la sostuviese con sus manos sostendría, para bien o para mal, el destino del mundo, buscaron con idéntico afán la codiciada reliquia que empleó el soldado Cayo Casio Longino para comprobar que Jesús ya estaba muerto.

Aquejado de una ceguera parcial, en cuanto Longino hundió su lanza en el costado de Cristo le salpicó sangre y agua, y recobró la vista de inmediato. Su milagrosa curación obró en su alma otro prodigio aún mayor, convirtiéndose al cristianismo. Una maravillosa escultura barroca del siglo XVII, obra de Bernini, conmemora hoy la mítica figura de Longino en la Basílica de San Pedro, en el Vaticano. Longino fue canonizado finalmente por la Santa Sede.

Desde que contempló la «Lanza de Viena», el gran tesoro imperial que los Habsburgo guardaban en su palacio Hofburg, Hitler quedó deslumbrado por esa joya de metal. En realidad, se trataba solo de una punta de hierro de unos cincuenta centímetros de largo con un clavo en el centro y una inscripción en oro donde se leía: *Lancea et Clavus Dominus* (La lanza y el clavo del Señor).

La lanza fue hallada por los norteamericanos meses después de la muerte de Hitler y su lugarteniente Himmler, pero en 1947 pudo comprobarse, tras la preceptiva prueba del Carbono 14, que había sido fabricada en el siglo VII. Hitler se suicidó en su búnker sin conocer la verdad.

Las cuatro copas

Himmler volcó sus denodados esfuerzos, finalmente baldíos, en hacerse con el Santo Cáliz con el que Jesús instituyó la Eucaristía, llamada entonces la «fracción del pan». Tres de los cuatro evangelistas sinópticos, a excepción de Juan, y el apóstol san Pablo en su primera carta a los Corintios relatan el momento preciso en que el Maestro, en presencia de sus doce discípulos, instituyó la Eucaristía durante la noche del banquete pascual.

José Antonio de Sobrino describe con todo lujo de detalles el ritual de la Pascua judía, el cual establecía que una vez devuelto el cordero pascual a la familia debidamente descuartizado, pero sin quebrarle hueso alguno, de acuerdo con la prescripción mosaica, se asara en el hogar aquella misma tarde. De este modo, la cena pascual comenzaba después de la puesta de sol y se prolongaba hasta la medianoche.

En aquellos tiempos ya se había extendido el uso del triclinio romano para las comidas. Por lo tanto, no se cenaba ya de pie, sino alrededor de las tres mesas que componían el triclinio, de ahí su nombre en griego, dispuestas como los tres lados de un rectángulo, que dejaba el cuarto lado libre para el uso del servicio.

Las mesas no tenían más de treinta centímetros de alto y, para sentarse, los comensales se acomodaban en unas banquetas bajas y a veces incluso en divanes. Jesús y sus apóstoles debieron de tenderse así, apoyados en sus codos izquierdos y empleando el brazo derecho para servirse la comida. Durante la cena pascual, los comensales tomaban al menos cuatro copas de vino tinto, rico en tanino y ligeramente aguado. No se sabe a ciencia cierta si todos bebían de la misma copa o si cada uno tenía la suya propia.

La primera copa se servía al comienzo, tras bendecirse la mesa. Acto seguido, se disponían sobre la misma los panes ácimos y las hierbas amargas, como lechuga, perejil, puerros, rábanos silvestres y otras mencionadas en el libro del Éxodo, las cuales solían mojarse en salsa *haroset,* elaborada con frutas secas, dátiles, almendras, higos y pasas machacadas y desleídas en vinagre. Tal vez fue durante la primera copa cuando

Jesús pronunció ante sus discípulos las palabras reseñadas por Lucas: «Tomando el Cáliz, dio gracias y dijo: "Tomadlo y distribuidlo entre vosotros; porque os digo que desde ahora no beberé del fruto de la vid hasta que llegue el reino de Dios"» (Lc 22, 17-18).

De acuerdo con el ritual de la Pascua, el padre de familia o quien presidiese la mesa aquella noche, incluido probablemente Jesús, comenzaba a pasar la segunda copa y, a petición del miembro más joven de los comensales, con toda seguridad Juan, explicaba el significado de la celebración. Concluido el discurso, se tomaba el cordero acompañado de hierbas amargas mojadas en salsa *haroset* y era entonces, mientras seguía circulando la segunda copa, cuando se recitaba la primera parte del cántico *Gran Hallel,* integrado por los salmos 112 y 113, que concluía con esta oración: «Bendito seas, Dios nuestro, Rey del universo, que nos has libertado y libraste a nuestros padres del poder de Egipto».

Terminaba así la primera parte del banquete pascual, dando comienzo a la segunda, durante la cual se pasaba ya la tercera copa ritual, conocida como «copa de la bendición o acción de gracias», y entonándose a continuación la parte final del *Gran Hallel* compuesta por los salmos 114 y 117. Antes de concluir la cena pascual, se servía una cuarta y última copa.

Pero ¿cuál de todas esas copas llevaba consigo la joven María Sabina Suey Vanaclocha aquella azarosa mañana con el único anhelo de ponerla a salvo de los enemigos de la religión? José Antonio de Sobrino nos brinda esta aguda reflexión:

La divergencia de los intérpretes —advierte— está en cuál fue la copa ritual que Jesús consagró como el Cáliz de su sangre. ¿Fue la tercera o la cuarta y última? San Mateo y san Marcos, antes de referir la consagración del pan, dicen que tuvo lugar «mientras comían» (Mt 26, 21; Mc 14, 18). Y, sin embargo, Lucas advierte que la copa eucarística fue consagrada por Jesús «después de cenar» (Lc 22, 20). Ambas expresiones son compatibles, ya que dependen del momento en que cada evangelista consideraba como terminada la cena ritual. No podemos precisar más. Pero sabemos con certeza por los Evangelios que aquella cena de la Antigua Alianza, llegado un momento, se transformó en la eucaristía de la Alianza Nueva.

El Cáliz de ágata

A esas alturas, el Cabildo Catedralicio de Valencia había cursado ya un oficio al gobernador civil, Braulio Solsona, para que enviase con urgencia un retén de guardias de asalto que salvaguardase la Catedral y la Capilla de la Virgen, así como los innumerables tesoros artísticos que contenían. Pero la máxima autoridad en la ciudad jamás respondió a la llamada de auxilio.

Así estaban las cosas cuando el prebendado de la Catedral, Juan Senchermés; el canónigo archivero, Elías Olmos Canalda; el capellán, Juan Colomina, y el ayudante, José Folch, se apresuraron aquella mañana del 21 de julio a extraer el Santo Grial del templete hexagonal para envolverlo con manos trémulas en papel de seda y camuflarlo finalmente con un vulgar periódico que no levantase sospechas entre los que acechaban afuera.

¡Qué contenida emoción debieron de experimentar entonces los cuatro con tan solo acariciar el Sagrado Cáliz que Jesús sostuvo probablemente en sus divinas manos! Aquel mismo Santo Grial tan celebrado en la literatura caballeresca de la Edad Media, en el *Perceval* o *Historia del Grial* de Christian de Troyes, en el *Parcival (Parsifal)* de Wolfram de Eschenbach, del rey Arturo, de Amadís de Gaula, de Tristán, de Lanzarote, de Titurel y de Lohengrin.

En realidad, no era demasiado complicado esconder la copa de ágata veteada por su discreto tamaño: diecisiete centímetros de altura por nueve de diámetro, con una base de concha en forma elíptica de dieciséis por catorce centímetros.

El resto —fuste central con su nudo, dos asas laterales y la montura de la base— era de oro, burilado con primor. En la montura de la base llevaba engastadas veintiocho gruesas perlas, dos balaxes o rubíes y otras dos esmeraldas, de las cuales hasta hoy se han extraviado dos perlas y la esmeralda más grande como consecuencia de los numerosos traslados sufridos por la reliquia a lo largo de los siglos.

Pero aun siendo reducida la copa, existía el riesgo cierto de que María Sabina Suey resultase sorprendida con ella en plena calle por algún miembro de las turbas que campaban a sus anchas por Valencia con total impunidad. Si eso llegaba a suceder, la reliquia se perdería para siempre sin remedio y su portadora yacería abandonada a buen seguro en el asfalto o en cualquier descampado del extrarradio, rematada con un tiro en la sien. A esa misma hora se asaltaban e incendiaban los templos parroquiales de San Valero, San Martín, San Bartolomé, San Agustín y tantos otros repartidos por la ciudad.

Tras la indecisión de los sublevados, el Comité Ejecutivo Popular (CEP), con el apoyo de los sindicatos y en especial de la Confederación Nacional del Trabajo (CNT), se erigió en director de la política en la capital hasta que el 23 de diciembre fue disuelto y cedió el poder al nuevo Consejo Provincial.

Pero hasta entonces, en los primeros meses de la guerra la represión se cebó con numerosos presos hacinados en barcos convertidos en prisiones. «Paseos», quema de edificios religiosos y ajustes de cuentas fueron la tónica en los primeros compases de la contienda. Hubo ejecuciones de derechistas en la playa del Saler y en el picadero de Paterna.

Al final de la escapada

En medio del desasosiego y el pánico reinantes, había irrumpido aquella mañana en la penumbra del templo, cual providencial valquiria, María Sabina Suey, encargada de su limpieza. La mujer se ofreció a poner a buen recaudo la copa sagrada en casa de su madre, María Vanaclocha, donde nadie, en principio, la encontraría jamás. Al contrario que en los domicilios del prebendado o del canónigo de la catedral, sometidos de vez en cuando a meticulosos registros.

Mientras María Sabina Suey apretaba el paso por la inercia del temor y la incertidumbre, en dirección a la casa de su madre, tratando de aminorarlo a veces para no despertar recelos entre la amenazante caterva, Elías Olmos y José Folch la escoltaban por la calle a prudente distancia. Previamente, habían tomado todas las precauciones a su alcance, como indicarle a ella que abandonase la catedral por la discreta puertecita situada bajo el arco que comunicaba el templo con el palacio arzobispal, donde pasaría más inadvertida. Había salido así María Sabina a la calle de la Barchilla con mirada vigilante de azabache, portadora de la mayor de las riquezas de la humanidad, para tomar a continuación la calle de Campaneros, la del Mar y, finalmente, la de Avellanas, donde residía su madre.

Elías Olmos, que no la perdió de vista en ningún instante durante el breve pero interminable trayecto, testimonia de primera mano aquellos momentos de máxima tensión:

> En el corto trecho recorrido —consigna Olmos en su casi desconocido opúsculo *Cómo fue salvado el Santo Cáliz de la Cena,* publicado en 1943— sufrimos momentos de verdadera angustia, porque el reducido espacio de la calle del Mar, comprendido entre Campaneros y Avellanas, se hallaba completamente ocupado por marxistas armados de pistolas y escopetas cantando *La Internacional.* Luego supimos que radicaba allí un centro comunista.

Apenas tres horas después de que María Sabina Suey saliese de la catedral con el Santo Cáliz camuflado bajo la axila, las hordas irrumpieron en la capilla donde se veneraba la reliquia y prendieron fuego a los bancos, confesonarios y hasta al Sagrario, reduciendo todo ello a pavesas en muy poco tiempo.

Lo mismo hicieron luego aquellos desalmados con los ricos frontales de tapicería valenciana del siglo XVI, por los que habían ofrecido desorbitadas sumas de dinero, así como con las imágenes; las andas de plata; el arca del mismo metal empleado en el monumento de Semana Santa; el frontal del beato Juan de Ribera, obsequio de este santo patriarca, y la casulla con la que el papa Calixto III canonizó al valenciano Vicente Ferrer.

Todavía hoy, desde 1936, permanecen en paradero desconocido un sermonario de san Vicente Ferrer, varios relicarios y una tabla de la Virgen atribuida al pintor italiano del siglo XVII, Juan Bautista Sassoferrato, entre las más de doscientas obras de arte sustraídas de la catedral. Pero lo peor de todo fue el cruel martirio al que sometieron entonces a ocho sacerdotes del templo valenciano por excelencia, beatificados años después por la Santa Sede.

Entre tanto, el Cáliz de la Última Cena se había convertido en el objeto más buscado de toda la ciudad. Pronto repararon los enemigos de la religión en que alguien lo había extraído del templete para ponerlo a salvo y empezaron las pesquisas y las consiguientes amenazas. Supo así el canónigo archivero de la catedral, por su amigo José Gasch, que una de las personas más influyentes en la ciudad lo perseguía con ahínco y estaba al corriente de quién se lo había llevado para esconderlo cerca del templo.

Si la reliquia no se devolvía enseguida a las autoridades municipales, la persona en cuestión aseguró que la familia que la custodiaba sería condenada a muerte y ejecutada sin miramiento alguno. ¿Quién había sido el miserable delator que había puesto en peligro la integridad del Santo Cáliz?, se interrogaron con preocupación los contados cómplices del gran secreto. «Era tanto el pavor —manifiesta el testigo Elías Olmos—, que en aquellos momentos invadía todos los corazones ante la impunidad con que se cometían cientos de asesinatos diariamente, que si no la justificamos, comprendemos la delación con el afán de salvar la vida».

Pruebas de autenticidad

Pero ¿en verdad era auténtico el Santo Grial que María Sabina Suey llevaba consigo aquella tumultuosa mañana arriesgando su propia vida y la de su familia? Jorge Manuel Rodríguez Almenar, presidente del Centro Español de Sindonología y uno de los mayores expertos del mundo en esta preciada reliquia, no alberga la menor duda al respecto:

> Podemos asegurar —subraya— que si existe el Santo Cáliz en algún lugar del planeta, es el que se custodia hoy en la Catedral de Valencia y, si no, sencillamente es que no existe. Es la única copa que se conserva de tiempos de Jesús y tiene las medidas adecuadas de acuerdo con la tradición rabínica.
>
> En el Museo Británico de Londres, en la sección correspondiente al Imperio romano, existen dos copas semejantes a la de Valencia, pero más pequeñas, datadas ambas entre el

año primero y cincuenta después de Cristo. Tan estimada es la autenticidad del Santo Cáliz de Valencia, que en el Concilio Vaticano II había que hacer una genuflexión delante de él y ahora basta con una inclinación de cabeza.

Jorge Manuel Rodríguez tuvo ocasión de presidir dos congresos internacionales sobre el Santo Cáliz y ratifica también ahora su genuino origen en que este podría haberlo utilizado cualquier judío, como Jesús. La razón es que los gemólogos con los que él trabaja indican que la copa está mucho más pulida por dentro que por fuera, dado que la tradición judía no aceptaba que el Cáliz fuese poroso.

En relación con la tradicional disputa por la autenticidad de la reliquia con el Cáliz de León, también llamado de doña Urraca, Rodríguez advierte que este es una copa con mucha menos capacidad que la de Valencia y además se halla engarzada para que pueda celebrarse la Santa Misa con ella. Este segundo hecho invalida ya por sí solo su autenticidad: «Resulta incomprensible —concluye Rodríguez Almenar—, pues en cuanto la primitiva Iglesia se organizó, una reliquia dejaba ya de utilizarse y, de hecho, el Santo Cáliz de Valencia solo lo han usado los papas en sus contadas visitas a la ciudad».

Idéntica cuestión se formula Juan Ángel Oñate Ojeda, antiguo lectoral del Cabildo de la Catedral de Valencia, en su obra *El Santo Grial,* publicada en 1952: ¿Es realmente este Santo Grial el mismo Cáliz de la Cena del Señor? Oñate basa su argumentación en una doble prueba que él mismo califica de «negativa» y «positiva». La primera le induce a creer en la imposibilidad de que el Santo Grial desapareciese sin dejar el menor rastro, dado que los apóstoles y los primitivos cristianos debieron de tener gran cuidado a la hora de preservar el recuerdo más preciado de su adorado Maestro.

Aun siendo la cruz, en realidad, la reliquia más valorada, podía entenderse que los primeros cristianos no tuviesen tanto interés en conservarla, pues a fin de cuentas era el instrumento del suplicio de su Dios, tan afrentoso como lo serían la horca o la guillotina siglos después. «A ningún buen hijo —cavila así Juan Ángel Oñate— se le suele ocurrir guardar la horca en que fue ajusticiado su padre, aun cuando fuera inocente o diera su vida por salvar la ajena. La cruz era entonces un objeto maldito para los judíos y repulsivo para los gentiles».

San Pablo se lo dice bien claro a los Corintios: «Mientras que nosotros predicamos a Cristo crucificado, escándalo para los judíos, locura para los gentiles» (1 Cor 1, 23). Igual que a los Gálatas: «Cristo nos redimió de la maldición de la Ley haciéndose por nosotros maldición, pues escrito está: "Maldito todo el que es colgado del madero"» (Ga 3, 13).

Para la mentalidad de los judíos, hasta la época del emperador romano Flavio Valerio Constantino, en el año 306, el instrumento de muerte era por lo tanto inmundo y hacía inmundo a quien lo tocase, según se advierte en el Libro de los Números: «Todo el que tocare lo inmundo será inmundo, y quien algo de ello tocare, será inmundo hasta la tarde» (Nm 19, 22).

Oñate concluye así de rotundo su prueba «negativa», alineado con la postura de Rodríguez Almenar: «Si este Santo

Grial de Valencia —infiere— no fuese el verdadero Cáliz de la Cena del Señor, habría que concluir que ha desaparecido de la Santa Iglesia, sin poder decir cuándo ni cómo, ni dar razón alguna; pues no hay otro, ni en la Cristiandad ni fuera de ella, que pueda arrogarse, con razón, tal derecho».

El «Cáliz papal»

Respecto a la prueba «positiva», Juan Ángel Oñate señala la «tradición constante e ininterrumpida» en el Reino de Aragón, y sobre todo en los obispados de Huesca y de Jaca, según la cual el Santo Grial venerado en la Catedral de Valencia es el «Cáliz papal» de la Iglesia de Roma. Con esta misma copa habrían celebrado la Santa Misa todos los romanos pontífices, y solamente ellos, desde san Pedro hasta Sixto II, y más tarde Juan Pablo II y Benedicto XVI, «en atención a que era considerado como el verdadero Cáliz de la Cena del Señor», explica Oñate.

Siguiendo con su argumentación «positiva», Oñate recuerda también que durante la persecución del emperador Valeriano (258-260), san Lorenzo, diácono y tesorero de la Iglesia de Roma, envió el Cáliz con una carta suya a su ciudad natal de Huesca dos días antes de ser martirizado en una parrilla. Desde allí, el Cáliz sufrió diversos traslados hasta llegar finalmente a la Catedral de Valencia donde hoy se venera.

Conviene advertir, en línea con Oñate, que en los primeros tiempos de la Iglesia el único que celebraba la Santa

Misa en público era el Papa, asistido por el clero. De modo que al tomar en sus manos el «Cáliz papal», el pontífice de Roma pronunciaba en latín eclesiástico estas mismas palabras estampadas en el Canon de la Misa: *«Accipiens et hunc praeclarum calicem in sanctas ac venerabiles manus suas»* («Tomando este preclaro Cáliz en sus santas y venerables manos»).

Parecía así, en principio, que la Iglesia de Roma creía a pies juntillas que el «Cáliz papal» era exactamente el mismo que el de la Cena del Señor. La tradición en Aragón, según hace notar Oñate en su atinada digresión, hubiese quedado justificada de este modo en su primera parte. Pero, en realidad, el demostrativo «este», en alusión al mismo Cáliz con el que Jesús celebró la Pascua, existía ya en la liturgia de Santiago el Menor, en Jerusalén, y en la de san Marcos, en Alejandría. De tal manera que pudiera pensarse que el adjetivo demostrativo en cuestión y la frase completa pronunciada justo antes de la consagración se emplearon primero en Jerusalén y de allí se extendieron por Antioquía, Alejandría y Roma.

Sea como fuere, si la tradición aragonesa resultase ser falsa y no sustentara por tanto la autenticidad del Cáliz de Valencia, se habría afirmado que la copa procedía de Jerusalén, tal y como mantiene la leyenda inglesa, según la cual el propio José de Arimatea llevó el Santo Grial desde la Ciudad Santa hasta las islas británicas por ser su primer caballero. De este modo, Oñate y otros estudiosos, como el ya citado Rodríguez Almenar, consideran que el Cáliz había sido trasladado a Roma, cabeza de la Cristiandad.

«¿Adónde vas, padre, sin tu hijo?»

El Santo Cáliz debió de desaparecer de Roma durante la terrible persecución del emperador Valeriano, obsesionado con apoderarse de los bienes más preciados de la Iglesia. Su afán de codicia le llevó a confiscar y allanar hasta las mismas catacumbas protegidas por la legislación romana. En una de ellas, la de Pretextato, convertida hoy en la cripta papal de san Calixto, fue hecho prisionero y decapitado por orden del emperador el también pontífice y mártir Sixto II, el 6 de agosto del año 258. «No habiendo ya ni lugar seguro —advierte así Oñate— donde esconder tan preciado tesoro, es muy lógico que sacaran fuera de Roma el venerado Cáliz de la Cena del Señor».

Pero ¿quién pudo poner a salvo el Santo Grial fuera de Roma y, sobre todo, en qué preciso lugar lo ocultó? Irrumpe ahora en escena un personaje de sobra conocido, Lorenzo de Osca, natural de Huesca y primer diácono entonces, convertido finalmente en el glorioso mártir san Lorenzo.

Hagamos notar la suma importancia del cargo de primer diácono en la Iglesia romana de entonces, pues además de tener bajo su directa responsabilidad la administración de las propiedades y la custodia de todos los bienes eclesiásticos, Lorenzo de Osca estaba llamado a suceder también al mismo Papa tras su muerte. De hecho, san Calixto I sucedió a san Ceferino, y san Sixto II a san Esteban I, de quienes habían sido, respectivamente, sus primeros diáconos. Y de no ser por su cruel martirio, san Lorenzo hubiese reemplazado también a Sixto II en el solio de Pedro.

Llegados a este punto, resulta crucial rescatar los datos que nos ofrece san Ambrosio, obispo de Milán y doctor de la Iglesia, sobre las últimas horas de san Lorenzo, los cuales extractamos ahora de su obra *De officiis* o *Los deberes,* publicada hacia el año 389 y con la que él quiso cumplir con su deber episcopal. De acuerdo con san Ambrosio, cuando el pontífice Sixto II era conducido al lugar del martirio, se le acercó san Lorenzo para decirle:

> —¿Adónde vas, padre, sin tu hijo? ¿Adónde vas, sacerdote santo, sin tu ministro? Tú nunca celebrabas el Sacrificio sin tu ministro. ¿Por qué ahora me abandonas en tu sacrificio? ¿Has encontrado en mí algo reprensible? Mira que ya están a salvo los tesoros que me encomendaste.
>
> —No te abandono, hijo mío —respondió el pontífice—, sino que te esperan por Cristo mayores tormentos. A nosotros, ancianos, se nos ha concedido terminar nuestra carrera con un combate [martirio] más leve. De aquí a tres días me seguirás, como al sacerdote el levita [su ministro].

La profecía se cumplió a rajatabla y, al cabo de tres días, en efecto, san Lorenzo murió mártir. En las actas de su martirio consta que las autoridades romanas le exigieron la entrega de los tesoros de la Iglesia y que san Lorenzo pidió un plazo de tres días para poder reunirlos todos. Finalmente, hizo honor a su palabra dada pues al tercer día se presentó rodeado de todos los pobres y desvalidos socorridos por las limosnas eclesiásticas y, mostrándoselos a las autoridades, les dijo resuelto: «Aquí están los tesoros de la Iglesia». Sus palabras sonaron a burla y poco después fue quemado vivo ante la rabia e impotencia de sus justicieros.

El Pergamino número 136

No resulta descabellado pensar, pues, que antes de su feroz sacrificio san Lorenzo hubiese podido poner a buen recaudo el Santo Cáliz de Valencia en su calidad de tesorero de la Iglesia de Roma, enviándolo a su tierra natal de Huesca junto con una carta suya a la que alude el Pergamino número 136 de la Colección del rey Martín el Humano, conservado en el Archivo de la Corona de Aragón, en Barcelona. Cobra así gran fuerza la tradición aragonesa.

Juan Ángel Oñate considera probable que los destinatarios de la carta fuesen los propios padres de san Lorenzo: san Orencio y santa Paciencia, en su posesión de Loret, convertida más tarde en la Iglesia de Loreto.

La carta autógrafa no ha aparecido ni es probable que lo haga jamás, lo cual no mengua en absoluto, en opinión de Oñate, la validez de la tradición aragonesa, teniendo en cuenta que en España ni en ningún otro país del mundo, que hubiese constancia entonces, se conservaban autógrafos occidentales de mediados del siglo tercero.

Por otra parte, como también advierte Oñate, es probable que no se tuviese interés en conservar una carta que podía servir de pista a los enemigos de la Iglesia para dar con el paradero de tan codiciada reliquia. Además del peligro cierto que ese rastro epistolar representaba para una hipotética reclamación de la reliquia por parte de la Iglesia de Roma tras la implacable persecución sufrida, perdiéndose así para la Iglesia de Huesca lo que tantos sacrificios y desvelos había costado salvaguardar hasta entonces. «Estas mismas razones explican —concluye Oñate—, a mi modo de ver, el silencio, probablemente intencionado, y de todos modos providencial, durante los años que precedieron a la invasión de España por los musulmanes».

De esta manera, la discreción y cautela resultaban vitales para librar a la reliquia del pillaje de los bárbaros y del fanatismo de los arrianos que abundaban en España. Al parecer, el Santo Cáliz permaneció escondido entonces en la Iglesia de San Pedro el Viejo, en Huesca. Como hace notar Dámaso Sangorrín, antiguo deán de la Catedral de Jaca, las iglesias donde se custodiaba el Santo Grial se ponían bajo el patronazgo de san Pedro, a quien perteneció el Cáliz en su persona y en la de sus sucesores en la Sede de Roma.

Además de la carta de san Lorenzo, existía el revelador *Fresco de San Lorenzo fuori le mura (Fresco de San Lorenzo Extramuros)* del siglo XIII, conservado antiguamente en la basílica romana del mismo nombre o Casa de Dámaso, dedicada al mártir. Aludimos a una de las cinco basílicas patriarcales que deben visitarse en el peregrinaje de las siete iglesias de Roma para alcanzar la indulgencia plenaria en el Año Santo.

La imagen pintada sobre la pared donde se veía al santo entregando un Cáliz con dos asas a un soldado, que lo recibía de rodillas en señal de adoración, hablaba por sí sola. Pero el fresco quedó destruido, por desgracia, durante uno de los numerosos bombardeos con que los aliados asolaron Roma durante la Segunda Guerra Mundial.

Martín el Humano

La invasión musulmana en el año 711 marcó un antes y un después en la ajetreada historia del Santo Grial. Los cristianos debieron replegarse hacia las montañas ante el avance arrollador de las tropas conquistadoras.

Al año siguiente, el obispo de Huesca, san Acisclo, abandonó la ciudad con su clero siguiendo a los nobles, guerreros y al pueblo, que no querían caer de ningún modo bajo el asfixiante yugo musulmán. Llevaron consigo, como era natural, las reliquias de los mártires y santos, y sobre todo el Santo Grial, como advierte Juan Ángel Oñate.

Tras no pocas vicisitudes que alargarían en exceso el relato, llegó por fin el tan anhelado día de la reconquista de Huesca, el 25 de noviembre de 1096. Pero el Santo Cáliz no retornó entonces a su primitiva morada de San Pedro el Viejo, en la capital oscense, sino que permaneció en el Monasterio cluniacense de San Juan de la Peña, enclavado en Botaya, al suroeste de Jaca.

Advirtamos, en este sentido, que los papas de la época, empezando por san Gregorio VII y Urbano II, eran monjes cluniacenses y que los monarcas de Aragón, inhumados luego entre los mismos muros románicos del monasterio, profesaban gran afecto a este lugar sagrado al que se consideraba como el claustro más importante del reino.

No era fácil, por tanto, que el Santo Cáliz saliese de aquel recinto para retornar a manos de los obispos de Aragón. Y allí estaba, de hecho, el Santo Grial en 1134, según se acredita en un auto del 14 de diciembre del mismo año que vio con sus propios ojos el canónigo de Zaragoza, Juan Agustín Carreras Ramírez, mientras componía su *Vida de san Lorenzo*. Se trata del primer documento que demuestra la estancia de la reliquia en el Monasterio de San Juan de la Peña desde la invasión sarracena. El auto no deja, desde luego, el menor resquicio de duda pues en él se dice literalmente esto mismo: «En un arca de marfil está el Cáliz en que Cristo Nuestro Señor consagró su Sangre, el cual envió san Lorenzo a su patria, Huesca».

La santa reliquia continuó allí por espacio de más de dos siglos y medio, hasta el 26 de septiembre de 1399, en pleno reinado de Martín el Humano, según consta en el Pergamino número 136 al que ya aludimos en su momento.

Apodado el Humano, Martín I de Aragón fue el último rey de la dinastía catalano-aragonesa implantada en el siglo XII. Su alianza con el papa de Aviñón, Benedicto XIII, pariente de la reina, le sirvió para que el pontífice aragonés apoyase su pretensión de que el Santo Cáliz le fuese entregado para su Oratorio Real. En compensación por ello, Martín el Humano obsequió al Monasterio de San Juan de la Peña con un valioso Cáliz de oro.

La historia del Santo Grial de Valencia que trataba de poner a salvo María Sabina Suey en la mañana del 21 de julio de 1936, se hallaba, por tanto, documentada desde la misma fecha del primer legajo: el 26 de septiembre de 1399.

Del Oratorio Real de Martín el Humano, la reliquia se llevó primero al Oratorio del Real Palacio de la Aljafería de Zaragoza, una impresionante fortaleza de anchos muros y sólidos torreones que perteneció también a los Reyes Católicos y, más tarde, se trasladó a la residencia barcelonesa del rey Martín el Humano, tal y como consta en el inventario de bienes realizado tras el fallecimiento del monarca, en septiembre de 1410.

La cámara secreta

A la muerte de Martín el Humano, el día 31 de mayo de 1410, le sucedió en el reino, en virtud del compromiso de Caspe, su sobrino Fernando de Antequera como Fernando I de Aragón. El hijo y sucesor de este, Alfonso V el Magnánimo, ordenó llevar el Santo Grial desde Barcelona a su Palacio del Real, en Valencia, hacia 1424. Advirtamos que este Palacio del Real existió en la zona de los Viveros hasta 1810, cuando fue derribado con el insólito pretexto de que las tropas francesas podían fortificarse en él si finalmente sitiaban la ciudad.

Sabemos también por un auto de los notarios públicos Pedro de Argensola y Jaime de Monfort conservado en el Archivo de la Catedral de Valencia, que el Santo Cáliz se entregó en custodia a la Sacristía del mismo templo catedralicio por don Juan, rey de Navarra, gobernador de Valencia y lugarteniente de su hermano Alfonso V el Magnánimo, el 18 de marzo de 1437.

La santa reliquia quedó así protegida en la sacristía de la Seo de Valencia, una especie de cámara secreta donde se guardaban los mayores tesoros catedralicios, conocida como «la Tesorería». Al término de la Guerra Civil, se descubrió una cámara alta sobre la puerta de entrada, desde la cual podía vigilarse todo el recinto sin ser visto. Existía una segunda puerta levadiza que daba acceso a la citada cámara, como en las torres y grandes fortificaciones. Se habían colocado también aspilleras para defender el espacio entre las dos puertas, así como un ventanillo enrejado a través del cual podía observarse el interior del templo.

No se halló, sin embargo, la escalera para subir hasta la cámara, pero es posible que para mayor seguridad jamás existiera y sí, en cambio, una escala movible que permitiese el acceso al habitáculo desde el interior.

En la cámara secreta de la Catedral de Valencia había un nicho gótico del siglo XIV rodeado de pinturas al fresco del mismo estilo y siglo. Las pinturas de ambos lados representaban la flagelación y coronación de espinas de Jesús y la del centro, situada sobre el nicho, escenificaba a dos ángeles sosteniendo en sus manos la corona de espinas. Juan Ángel Oñate concluye así: «Es casi seguro que en dicho nicho se guardó la primera reliquia de la Catedral, enviada en marzo de 1256 a don Jaime el Conquistador por san Luis rey de Francia y probable que aquí se guardase el Santo Cáliz cuando fue encomendado a la custodia de la Catedral».

Siguiendo la pista a los documentos del Santo Grial puede afirmarse también que desde entonces ha permanecido en la Catedral de Valencia hasta marzo de 1809, cuando debió de ocultarse en Alicante con motivo de la Guerra de la Independencia. De Alicante retornó a Valencia de nuevo en febrero de 1810, pero en marzo de ese mismo año se trasladó a Ibiza y, en febrero de 1812, a Palma de Mallorca para ponerlo una vez más a salvo del expolio de los franceses.

Por fin, en septiembre de 1813 regresó a la Catedral de Valencia, donde fue venerado en la Capilla de las Reliquias hasta 1914, en que se trasladó al Aula Capitular antigua convertida en Capilla del Santo Cáliz hasta el 21 de julio de 1936, cuando María Sabina Suey decidió jugarse el tipo y el de su familia para ponerlo a buen recaudo en su casa.

En la cuerda floja

Entre tanto, el canónigo archivero de la catedral, Elías Olmos, se instaló junto con el párroco de Oliva, Salvador Campos Pons, en el domicilio de la familia Suey Vanaclocha para proteger mejor el codiciado tesoro. Permanecieron allí desde el 22 de julio hasta el 2 de agosto de 1936, dado que ya entonces había sido registrada la casa de Elías Olmos y se temía que pudiese suceder lo mismo en cualquier momento con la de los Suey.

El 8 de agosto se presentaron de improviso los milicianos en casa de la familia Suey con el propósito de registrarla a fondo; pero debió de ser la Providencia la que, en última instancia, los disuadió de su propósito hasta una nueva ocasión. De haberse efectuado la búsqueda aquel mismo día, hubiesen descubierto sin duda la reliquia escondida con dos viriles de la Iglesia parroquial de Silla en uno de los cajones de madera de un armario ropero.

El gran susto sirvió para que el Santo Cáliz se disimulase mejor desde entonces en el hueco inferior del cajón del armario ropero, donde se ocultó esta vez tras unas tablas pintadas del mismo color del mueble por José Cortés Díaz, auxiliado por su hijo Salvador, quien fue martirizado semanas después.

La hora de la verdad llegó el 29 de agosto, cuando una docena de milicianos armados con pistolas y mosquetones irrumpió de nuevo en el domicilio para registrar, esta vez sí, palmo a palmo, cada rincón de la casa y, en particular, el armario ropero en cuya parte inferior se hallaba el Santo Cáliz. La angustia contenida de María Sabina y de su hermana María Milagro anudó sus estómagos.

Concluido el registro sin hallar nada, los milicianos se obstinaron en llevarse detenida a María Sabina, quien, como digna heroína, pidió que la matasen allí mismo sin más dilación. Conducida a empellones hasta el rellano de la escalera, uno de los milicianos se apiadó de ella y, asiéndola del brazo, la condujo de vuelta a su dormitorio y cerró la puerta tras de sí. Acto seguido, increpó a sus camaradas por su instinto criminal y nada le importó que le llamasen «fascista» por haber salvado a la mujer de una muerte segura.

Tan impresionado salió el miliciano de aquella casa, que regresó al cabo de cuatro días. Preguntado por qué se hacía acompañar de tan mala gente, respondió con gesto pesaroso: «Para saciar el hambre; hace tiempo que no tengo trabajo y ellos me han ofrecido el jornal con que alimentar a mis hijitas».

Era José Pellicer Gandía, de veinticuatro años, a quien durante el registro sus camaradas llamaban «Pepe». Para muchos, Pellicer representó el espíritu de un anarquismo intransigente con los principios y de una ética revolucionaria opuesta a la violencia vengativa y gratuita. Cuando la derrota en la Guerra Civil era inminente, Pellicer fue capturado, juzgado y condenado a muerte, siendo ejecutado con tan solo treinta años junto a su hermano Pedro, el 8 de junio de 1942.

Cadena de sobresaltos

Enseguida supo María Sabina Suey que los registros no habían concluido ni mucho menos y decidió trasladarse con la reliquia al domicilio de su hermano Adolfo, donde los milicianos irrumpieron por dos veces consecutivas sin encontrarla tampoco.

El 30 de enero de 1937, regresó a casa de su madre con el Cáliz y esta vez lo escondió en el interior del banco de la cocina, en una hornacina practicada al efecto y cubierta con un pequeño tabique. Se recurrió para tal fin a Bernardo Primo Alufre, vecino de Carlet, pueblo natal de la familia Suey, el cual creyó entonces que trataba de ocultar unas alhajas en lugar de la sagrada reliquia.

Para colmo de sobresaltos, cierto día se presentó en el domicilio, como en los de la mayor parte de Valencia, un grupo de albañiles alegando que, por escasear el trabajo, tenían órdenes de realizar obras en las cocinas para mejorar su higiene. Así que, ni corta ni perezosa, María Sabina Suey llevó consigo la reliquia a su casa de Carlet el 20 de junio, fiesta del Sagrado Corazón de Jesús, del mismo año 1937.

En la vivienda de Carlet residían Bernardo Primo Alufre con su esposa Lidia Navasquillo, ninguno de los cuales supo tampoco que se trataba del Cáliz, envuelto en algodón en el interior de una caja de zinc sellada al efecto y escondida finalmente en una hornacina del muro. Hasta que el 30 de marzo de 1939, el Santo Grial quedó ya definitivamente a salvo. El propio testigo Elías Olmos evoca, conmovido, aquel día tan anhelado:

> En Carlet y en mis propias manos —refiere el testigo directo— se descubrió la caja que contenía el Santo Cáliz, hallándole tal como había sido depositado. Hice entrega de él a la Junta Recuperadora del Tesoro Artístico Nacional, la que se hizo cargo del mismo, y en su compañía me trasladé a nuestra ciudad [...]. Siempre confiamos en que la Providencia defendería el Santo Cáliz de la Cena, no permitiendo que fuese enajenado de Valencia.

Fue así como el 9 de julio, el Cáliz retornó a la Catedral de Valencia donde hoy se venera.

El precio de la traición

Mientras la reliquia y quienes la custodiaban corrían aún serio peligro, uno de los amigos del canónigo archivero de la catedral, el notario de Valencia Francisco Bosch y Navarro, organizó su huida de la capital a bordo de un hidroavión. Bosch se sirvió a su vez de dos amigos suyos infiltrados en la Federación Anarquista Ibérica (FAI) para pergeñar el plan que debía poner a salvo la reliquia en la España nacional. Pero cuando el hidroavión amerizó en la Malvarrosa, a una milla de distancia de la orilla, se desató una tempestad que impidió al aparato permanecer en el agua y obligó al piloto a despegar con tan solo un oficial del ejército como pasajero.

Frustrada la tentativa en el mismo mes de agosto de 1937, Salvador Simó Fort, otro buen amigo de Elías Olmos, infiltrado también entre los anarquistas, puso a este al corriente de una conversación deslizada en su presencia de modo intencionado para que pudiese trasladársela luego, según la cual se ofrecía a quienes ocultaban la reliquia la cantidad de doscientas mil pesetas y pasaportes para Francia si la entregaban. El plan consistía también en vender el Santo Cáliz en el mercado negro y repartir el cincuenta por ciento del importe entre quienes lo mantenían escondido.

Los anarquistas supusieron que, de hallarse todavía en Valencia, Salvador Simó les conduciría hasta el paradero de Elías Olmos y de la reliquia, convenciendo a sus custodios para que accedieran a venderla y a ponerse a salvo. Pero nada más lejos de la realidad, como advierte el propio testigo:

> Respondimos a la indicación del amigo —explica Olmos— como lo hubiera hecho cualquiera que no fuese como aquellos:
>
> —Soy demasiado rico para aceptar dinero porque, a Dios gracias, tengo salud, que es el mejor tesoro. Y en cuanto

a tu temor por mi vida, no te inquietes: la ofrecí a Dios el primer día por la salvación del Santo Cáliz.

—Es que si te encuentran —repuso él—, te martirizarán lentamente hasta que les descubras dónde se halla la sagrada reliquia.

—Vano empeño sería —insistí. Con la ayuda de Dios jamás lo descubriré. Además, mi mayor gloria sería sufrir martirio por salvar el Santo Cáliz de la Cena.

Llegó a oídos de Elías Olmos, entre tanto, que unos judíos de Ámsterdam residentes en París ofrecían por el Santo Cáliz de la Cena nada menos que ocho millones de pesetas oro. No era extraño, por tanto, que el propio Olmos concluyese que el obstinado afán por adquirir el Santo Grial y el precio tan desorbitado ofrecido por él constituían, a fin de cuentas, una prueba más de su incuestionable autenticidad.

5
La tumba de Caifás

Descubrimos el último lugar de descanso de la familia Caifás, uno de cuyos miembros presidió el juicio de Jesús.

Zvi Greenhut, arqueólogo

Tras la Última Cena y una vez que prendieron a Jesús en el huerto de los Olivos, Anás le envió maniatado al sumo sacerdote Caifás, «el pontífice», como lo denominan Mateo y Juan en sus respectivos Evangelios. El historiador judeo-romano Flavio Josefo aclara que Anás había sido el sumo sacerdote entre los años 6 y 15 (*Antiquitates iudaicae,* 18.2.1 y 18.2.2). De modo que, teniendo en cuenta lo que señalan también los Evangelios, Caifás era el sumo sacerdote cuando Jesús fue condenado a morir en la cruz.

El hallazgo inopinado del osario de Caifás, en noviembre de 1990, constituye uno de los más grandes hitos de la arqueología moderna y refuerza aún más, si cabe, la historicidad de Jesús y el relato fiel de su Pasión, tal y como nos ha sido legado en el Nuevo Testamento.

No en vano el nombre de Caifás, cuyo significado etimológico es el de «roca» o «depresión», era, insistimos, el sumo sacerdote cuando Jesús de Nazaret fue juzgado, condenado y crucificado. Lo sabíamos ya por los Evangelios sinópticos, pero debieron transcurrir casi dos mil años para que un grupo de arqueólogos israelíes dirigido por Zvi Greenhut y asesorado por el antropólogo Joe Zias hallasen la prueba fehaciente de su existencia histórica más allá de la fe.

Quedó así acreditado, desde el punto de vista de la ciencia, que Caifás, yerno de Anás por estar desposado con la hija de este y líder del complot para arrestar y ejecutar a Jesús de Nazaret, no era un invento ni una fábula de cuatro evangelistas fanáticos seguidores de Cristo, sino un personaje de carne y hueso tan real como la vida misma.

Los arqueólogos que dieron con el paradero de sus restos al cabo de tantos siglos, sumergidos en la oscuridad de una cueva funeraria de Jerusalén, debieron de quedarse atónitos y desconcertados ante semejante descubrimiento que, para colmo de intrigas, resultó ser accidental.

En honor a la verdad, Zvi Greenhut, de treinta dos años entonces, no sospechaba ni por asomo que iba a protagonizar con su equipo de la Autoridad Arqueológica de Israel (AAI) la gesta investigadora más sensacional y deslumbrante relacionada con el Nuevo Testamento.

> Cuando llegué allí —relata el propio Zvi Greenhut— pude comprobar que la bóveda de la cueva se había derrumbado. Aun así, desde fuera podía distinguir cuatro osarios o cofres con huesos, en la cámara principal. Para un arqueólogo como yo, constituía un claro indicio de que era una cueva destinada a sepultar a los judíos. Fue así como descubrimos

el último lugar de descanso de la familia Caifás, uno de cuyos miembros presidió el juicio de Jesús (*Biblical Archaeology Review,* septiembre-octubre de 1992, págs. 29-30).

La arqueta misteriosa

La cueva apareció de modo fortuito ante su atónita mirada durante las obras de construcción de un parque y de una carretera en el bosque de la Paz, al sur de la Ciudad Vieja de Jerusalén y justo enfrente del monte Sión. Para acceder al interior del sepulcro formado por una sola cámara, Greenhut y sus hombres debieron agacharse, ya que la abertura rectangular era estrecha y baja. Una vez en el interior, pudieron comprobar que el suelo se había rebajado para crear un espacio suficiente que permitiera permanecer de algún modo en pie, con el techo a una altura aproximada de un metro y sesenta y cinco centímetros.

Nada les importó la incomodidad ni las agujetas por estar tantas horas seguidas de cuclillas o encorvados en el interior de aquella gruta tallada en la colina de caliza. Sobre todo, al reparar, de repente, en la presencia de una urna de piedra de excepcional belleza con un nombre inscrito en el tipo de letra cursiva judía, tan común en otros osarios datados en el mismo siglo primero de nuestra era.

Zvi Greenhut debió de sacudirse los ojos para convencerse de lo que allí decía. Leyó así varias veces la inscripción, deteniéndose en cada letra, hasta componer en su cabeza las tres palabras que jamás pensó que podría hallar en un objeto de aquella época: *Yehosef bar Caiapha* (José, hijo de Caifás).

El jefe de la expedición escudriñó aquel osario con el mismo rostro de asombro y admiración con que debió de hacerlo el egiptólogo y arqueólogo británico Howard Carter al descubrir el sarcófago del faraón Tutankamón sesenta y ocho años antes que él, en el mismo mes de noviembre, pero de 1922.

Los antropólogos y arqueólogos Jonathan L. Reed y John D. Crossan describen el formidable osario de Caifás con todo lujo de detalles en su maravillosa obra *Jesús desenterrado:*

> La cara frontal de la arqueta —escriben— estaba enmarcada por una cenefa en forma de rama en la parte superior y en los laterales, y en el centro contenía dos círculos formados cada uno de ellos por seis rosetas. Estas habían sido talladas con suma delicadeza, combinando el diseño de pétalos con el de forma de molinillo, y unas cuantas estaban pintadas de naranja. La tapa era abombada, y la parte delantera estaba decorada con un dibujo en zigzag a modo de sillares, y había sido cubierta también con una leve capa de pintura naranja.

Las cuatro fosas de que habla Zvi Greenhut, halladas en la cámara principal, aunque fueron doce en total las repartidas por otros rincones de la cueva, se adentraban casi dos metros en la pared de la cámara sepulcral. Solo en una de ellas, como ya sabemos, los arqueólogos hallaron dos arquetas en su lugar, una de las cuales pertenecía al sumo sacerdote Caifás. Llevaban inscritas en sus laterales de forma tosca, tal vez con los dos clavos de hierro encontrados en el interior de una de las arquetas, los nombres de quienes yacían allí sepultados para que los supervivientes pudiesen identificarlos entonces, al igual que todos sus descendientes.

Los nombres eran muy comunes en la época de Jesús: *Miriam* (María), *Shalom* (Salomé), *Shimon* (Simeón) y *Yehosef* (José). En el caso de «Miriam, hija de Simeón», como reza la inscripción, en la boca de su calavera se encontró una moneda acuñada durante el reinado de Herodes Agripa I (años 42-43), lo cual podía constituir un indicio de la costumbre pagana del pago al dios griego Caronte por un tránsito seguro por la laguna Estigia. De este modo, la influencia de la cultura pagana en la vida judía pudo haberse manifestado incluso en los círculos sacerdotales del más alto rango, como advierte el erudito bíblico estadounidense Craig Alan Evans.

Llamó poderosamente la atención de los científicos el nombre en arameo *Caiapha*. Era la primera vez que aparecía en un osario o en cualquiera otra inscripción del siglo primero. Y, por si fuera poco, había sido grabado tres veces en la tumba, en dos de las cuales se especificaba la identidad de *Yehosef bar Caiapha* (José, hijo de Caifás), el sumo sacerdote citado por el historiador Flavio Josefo como «José Caifás» y a quienes los evangelistas denominan «Caifás» a secas.

Familia numerosa

La gesta de Zvi Greenhut y su equipo no estuvo exenta de graves altercados que les impidieron incluso concluir su trabajo como ellos hubiesen deseado. Una multitud de judíos ultraortodoxos congregada en los alrededores de las excavaciones obligó finalmente a clausurar estas, procediéndose al cierre de la sepultura de Caifás y a la posterior entrega de los despojos humanos al Ministerio de Asuntos Religiosos para su entierro definitivo en el monte de los Olivos, mientras que el ornamentado y bien conservado osario se exhibe hoy en el Museo Nacional de Israel, en Jerusalén.

De todas formas, los arqueólogos israelíes no fueron los primeros que abrieron, o más bien profanaron, en opinión de los judíos ultraortodoxos, la sepultura de Caifás. En la Antigüedad, los ladrones de tumbas la saquearon sin piedad y se llevaron todos los objetos de valor. Y, por si fuera poco, más recientemente los operarios de la construcción del parque y de la carretera adyacentes a la cueva cambiaron de lugar algunos osarios, dejando en su sitio original solo dos de los doce encontrados. El resto se rompió o dispersó en el interior de la tumba.

Aun así, Zvi Greenhut y sus hombres pudieron comprobar que la arqueta de Caifás contenía los huesos de seis personas diferentes: dos recién nacidos, un niño de entre dos y cinco años, un adolescente, una mujer adulta y un varón de unos sesenta años. Era la tumba de la familia de Caifás.

Los sucesivos saqueos y la dispersión de los restos óseos por toda la sepultura tampoco impidieron al antropólogo Joe Zias, mano derecha de Zvi Greenhut, identificar nada menos que los huesos de sesenta y tres personas inhumadas en el mismo sepulcro. En su calidad de insigne antropólogo, Zias examinó minuciosamente los restos de todas aquellas personas y extrajo conclusiones escalofriantes: el cuarenta por ciento de los individuos no llegó a cumplir los cinco años, y el sesenta y tres por ciento no alcanzó la pubertad. Por increíble que parezca, estos índices de mortalidad eran habituales en la Jerusalén de entonces y en todo el Imperio romano.

Enterrar a los muertos

¿Por qué los arqueólogos hallaron únicamente huesos en la tumba de Caifás? Crossan y Reed distinguen muy bien entre el «enterramiento primario» y el «enterramiento secundario». En este sentido, los romanos solían dispensar a sus muertos el primer tipo de sepultura en un lugar fijo, sin traslado alguno de los restos y previa cremación de los cadáveres. Pero en la costumbre funeraria judía, el cuerpo se depositaba primero en una tumba durante un año aproximadamente, transcurrido el cual se recogían los huesos del esqueleto para guardarlos de nuevo en otro lugar distinto.

Durante casi un milenio existió la rutina de conservar esos huesos y los de otros difuntos de una misma familia en una cavidad subterránea denominada «pudridero». Pero en el enterramiento secundario practicado durante el siglo primero en la zona de Jerusalén, los huesos no se colocaban ya en un pudridero, sino en arquetas provistas de tapa, decoradas en algunos casos como auténticas obras de artesanía y con la suficiente longitud para albergar en su interior el fémur y otros huesos más largos. La mayoría de este tipo de osarios llevaba por fuera una inscripción cincelada para identificar a los muertos.

Crossan y Reed tampoco pasan por alto otra interesante cuestión: ¿Por qué existía la costumbre entre los judíos de emplear ese tipo concreto de arqueta u osario en Jerusalén, durante la época de Jesús y a lo largo de todo el siglo primero? Ambos expertos admiten que ese enterramiento secundario en arquetas-osario tal vez podría reflejar la creencia en la resurrección de la carne tan extendida sobre todo entre los fariseos; y consideran factible también que el hecho de depositar los huesos de una persona en un osario discreto fuese una reminiscencia de la individualidad propalada en la época helenística.

Sea como fuere, lo más probable, en su opinión, es que el gran auge de las arquetas-osario para sepultar a los muertos tuviese su explicación en el *boom* económico registrado durante el reinado de Herodes el Grande. No en vano, el proyecto de construcción del Templo de Herodes supuso una considerable afluencia de capitales a toda la ciudad, así como la formación profesional de un amplio gremio de albañiles y artesanos que no solo decoraron el templo con motivos geométricos y florales, sino también las arquetas-osario como la de Caifás con la utilización también de rosetas.

Por tanto, existía, a juicio de Crossan y Reed, una relación palmaria entre el empleo de las arquetas-osario como instrumento para enterrar a los muertos y la construcción del Templo de Herodes el Grande. Sirva de ejemplo, si no, el hallazgo de una cámara funeraria en el monte Escopo, en cuyo interior se encontró una arqueta con una inscripción en griego que decía: «Nicanor de Alejandría, que hizo las puertas». Debió de tratarse así de la misma persona que sufragó en vida la construcción de las puertas de Nicanor.

SUMO SACERDOTE

De la vida de Caifás se conoce hoy relativamente poco. Aparece citado varias veces en el Nuevo Testamento (Mt 26, 3; 26, 57. Lc 3, 2; 11, 49; 18, 13-14. Jn 18, 24-28. Hch 4, 6). Sabemos por Flavio Josefo que Caifás accedió al sumo sacerdocio alrededor del año 18, nombrado por Valerio Grato, y que fue depuesto por Vitelio en torno al año 36 (*Antiquitates iudaicae,* 18.2.2 y 18.4.3).

Su larga permanencia durante dieciocho años consecutivos en el sumo sacerdocio nos induce a pensar que mantenía relaciones cordiales con las autoridades romanas. Y no solo por eso: Flavio Josefo subraya en varias ocasiones los insultos de Poncio Pilato a la religiosidad del pueblo judío, así como las airadas protestas de algunos personajes concretos contra él por esa razón ofensiva. Pero llama poderosamente la atención que al glosar esos episodios de gran violencia verbal, Josefo omita el nombre de Caifás entre los que se quejaban de los intolerables abusos de Pilato pues, a fin de cuentas, él era entonces el sumo sacerdote. Otra muestra más de la buena relación existente entre ambos.

Esa misma actitud de cercanía de Caifás con la autoridad romana se refleja también en los Evangelios, pues sus cuatro autores coinciden en señalar que, tras el interrogatorio de Jesús, los príncipes de los sacerdotes acordaron entregarlo a Pilato (Mt 27, 1-2. Mc 15, 1. Lc 23, 1 y Jn 18, 28).

Para acercarnos a la figura un tanto enigmática de Caifás resulta de gran utilidad empezar, valga la redundancia, por el principio: ¿Cuál era en realidad el significado de «sumo sacerdote» desde el Antiguo Testamento? ¿Qué atribuciones tenía y en qué consistían sus privilegios?

El sumo sacerdote era el encargado de la adoración en el templo o en el tabernáculo y su oficio se transmitía al principio de modo hereditario, y no por designación, como en el caso de Caifás, que enseguida veremos. El concepto de sumo sacerdote ha variado en el transcurso de los siglos. Su carácter hereditario en origen se basaba en la condición de descendiente de Aarón, hermano de Moisés y primer sumo sacerdote de Israel.

Generalmente, el sumo sacerdote lo era de por vida, con carácter vitalicio, aunque el sumo sacerdote Abiatar fuese destituido durante el reinado de Salomón, tal y como se consigna en el primer Libro de los Reyes: «Echó, pues, Salomón a Abiatar para que no fuese sacerdote de Yahvé, cumpliéndose así la palabra que había pronunciado Yahvé contra la casa de Helí en Silo» (1 Re 2, 27).

Para ser sumo sacerdote era imprescindible mantener un elevado nivel de santidad y evitar la contaminación por contacto con los muertos, incluso en el caso de sus propios padres, sin poder mostrar tampoco en ningún momento señales exteriores de duelo ni traspasar los límites del santuario. Es decir, debía de tratarse de un hombre dedicado a Dios en cuerpo y alma. Hasta tal punto debía de ser así, que cuando el sumo sacerdote cometía un pecado cualquiera, la culpa recaía también sobre el pueblo entero, como se establece en el Levítico: «Si el sacerdote ungido es el que peca, haciendo así culpable al pueblo, ofrecerá a Yahvé por su pecado un novillo sin defecto en sacrificio expiatorio» (Lv 4, 3).

Su consagración duraba siete días, durante los cuales se le sometía a lavamientos especiales y se ungía el altar con aceite y sangre de novillo y carnero. Sus vestiduras incluían un manto azul con el borde ornamentado con campanillas de oro y recamado de granadas color púrpura y escarlata, así como un efod de lino fino, corto y sin mangas bordado también en colores, y, finalmente, hombreras con piedras grabadas con los nombres de las doce tribus de Israel.

Fue durante el período previo al levantamiento de los macabeos cuando el sumo sacerdote se politizó de modo paulatino. De hecho, Jasón, simpatizante del helenismo, derrocó a su hermano Onías III, y a su vez Jasón fue desalojado del poder por Menelao, que encarnaba el helenismo más radical.

Con Menelao, precisamente, el sumo sacerdocio quedó apartado de la línea legítima de Sadoc. De esta manera, los macabeos simultanearon el cargo de sumo sacerdote con el de comandante militar o líder político. Así, Alejandro Balas, por ejemplo, pretendiente al trono seléucida, designó a Jonatán Macabeo «sumo sacerdote» y «amigo del rey». Y no fue un caso aislado, pues Simón Macabeo fue confirmado como sumo sacerdote en calidad de «amigo» también del monarca seléucida Demetrio II.

Durante el Imperio romano, y esta nueva etapa afectaba, como es obvio, a José Caifás, prosiguió la costumbre de otorgar el sumo sacerdocio como recompensa. Anás fue la figura sacerdotal más poderosa entonces e incluso, una vez que su fuerza quedó mermada, logró que cinco de sus hijos e incluso su yerno Caifás fuesen nombrados también sumos sacerdotes. Sin ir más lejos, Ananías, uno de los hijos de Anás, fue el sumo sacerdote ante quien fue presentado Paulo de Tarso, futuro san Pablo, como lo había sido antes Jesús de Nazaret ante Caifás.

La hora de la jauría

Caifás llevaba ya algún tiempo reunido con sus consejeros desde que Judas Iscariote salió con su tropa del huerto de los Olivos, tras prender a Jesús. Su impaciencia y su furia habían crecido tanto, que se bajó del sitial con todos sus adornos ceremoniales y corrió al vestíbulo a regañar y preguntar si aún no llegaba Jesús. En esto se le acercó la escolta y él retornó a su puesto. Nada más ver a Jesús, Caifás gritó con ira incontenible:

—¡Ya estás aquí, enemigo de Dios, que nos turbas esta noche santa!

Acto seguido, despojaron a Jesús de la calabaza que para mofarse de él habían colocado en su cetro con las acusaciones manuscritas de Anás, toda una suerte de improperios y calumnias contra el buen nombre de Cristo. Una vez leídas a viva voz, Caifás profirió otro torrente desbordado de insultos y agravios contra Jesús ante la multitud congregada en la sede del tribunal.

Los sayones y los soldados empujaban al preso y lo zarandeaban como si fuese un pelele, mientras esgrimían amenazantes, en las manos, pequeñas varas de hierro terminadas en un pomo en forma de pera con pinchos para golpear al Nazareno sin la menor piedad, mientras vociferaban:

—¡Contesta! ¡Abre la boca! ¿Acaso no sabes hablar?

Rescatamos así ahora, resumido, el sobrecogedor relato de Ana Catalina Emmerick.

LA CASA DE MARÍA

Permítame el lector este breve inciso para poner de relieve que fue la beata Ana Catalina Emmerick, precisamente, quien dijo haber visto también con los ojos de su propia alma nada menos que la casa de María de Nazaret, como si hubiese estado allí en infinidad de ocasiones.

Gracias a sus visiones se produjo uno de los más sensacionales descubrimientos arqueológicos de todos los tiempos: la casa donde María de Nazaret habría vivido sus últimos años en Éfeso, una antigua localidad de Asia Menor, en la actual Turquía.

Ana Catalina había descrito aquella morada en su otro libro, *La vida oculta de la Virgen María,* como una «casita en las montañas, construida a los pies de una ladera, desde lo alto de la cual podían divisarse el mar Egeo y las ruinas de la ciudad de Éfeso».

En 1891 sor Marie de Mandat-Grancey, superiora de las hijas de la caridad del hospital francés de Esmirna en Turquía, permanecía enfrascada en la lectura del libro de Ana Catalina. Hasta que el 27 de julio de aquel año se decidió organizar una expedición compuesta por el padre Jung, otro sacerdote lazarista y dos laicos en busca de la construcción descrita en su día por la religiosa con todo lujo de detalles desde su misma cama.

¿Cómo es posible que Jung y sus acompañantes tardasen tan solo dos días en culminar semejante hallazgo histórico? Ninguno de ellos dudó de que su mejor brújula para dar con el paradero de aquella casa desconocida había sido precisamente el libro de Emmerick.

Previamente, los cuatro miembros de la expedición preguntaron a unas mujeres que trabajaban en un campo de tabaco dónde podían encontrar agua. Fue entonces cuando ellas les indicaron la cercanía de una capilla, a los pies de una loma desde la cual podía contemplarse el mar Egeo y las ruinas de Éfeso. ¿Casualidad...?

Poco después, averiguaron que al templo acudían en peregrinación desde tiempos inmemoriales, cada 15 de agosto, fieles ortodoxos en su mayoría que habían bautizado aquel lugar como *Panaghia Kapulu* (puerta de la Santísima). Es decir, la casa de María de Nazaret.

Tan pronto como se tuvo noticia del gran descubrimiento, monseñor Timoni, arzobispo de Esmirna, ordenó la creación de una comisión multidisciplinar que firmó un acta el 1 de diciembre de 1892 señalando la asombrosa coincidencia entre la descripción de Ana Catalina Emmerick y las ruinas encontradas.

Finalmente, como consecuencia de las oportunas excavaciones arqueológicas pudo desenterrarse una casita edificada entre los siglos I y II de nuestra era, cuyo plano interior se correspondía casi al milímetro con los detalles proporcionados por Ana Catalina Emmerick sobre la vivienda de María en Éfeso.

No se tardó así en declarar aquel lugar como el Santuario de Meryem Ana (la casa de María), convertido desde entonces en el destino de millones de peregrinos, incluidos tres papas de Roma: Pablo VI, que lo visitó en 1967; Juan Pablo II, en 1979, y Benedicto XVI en 2006.

LA SOMBRA DEL DIABLO

Volviendo al sumo sacerdote Caifás, la beata Ana Catalina Emmerick lo describe en pocas pero muy precisas pinceladas:

> Era un hombre serio, de semblante enrojecido y feroz. Llevaba un manto largo, bermejo y bordado con flores de oro y galones. Estaba sujeto de arriba abajo con toda clase de escudos brillantes por el pecho y los hombros y, sobre todo, por delante. Llevaba puesta una prenda de cabeza que por arriba parecía una mitra de obispo más bien baja. Entre sus partes delantera y trasera, que estaban completamente plegadas, tenía aberturas a los lados de las que colgaba algo de tela. A ambos lados de la cabeza le colgaban tiras de tela hasta los hombros.

De acuerdo con el conmovedor relato de Emmerick, mientras Jesús comparecía ante el sanedrín, Caifás le interrogó con mucha más rabia que Anás, a pesar de lo cual la víctima inocente permaneció con la cabeza baja sin mirar a los ojos en ningún momento a su inmisericorde acusador ni despegar los labios. Aquella actitud de sumisa indiferencia le sacaba de quicio a Caifás.

Entre tanto, los sayones, para obligarle a hablar, le pegaban con sus varas de hierro en las manos y le pinchaban con punzones. Rodeado de una banda de malvados, recibía toda clase de salivazos y puñetazos, e incluso le arrancaban mechones del cabello y de la barba.

La cadena de acusaciones era interrumpida a menudo por los insultos y malos tratos. En realidad, más que de acusaciones fundadas se trataba de contradicciones flagrantes que retorcían y desfiguraban sus palabras, instrucciones y parábolas. Así, mientras uno denunciaba que se intitulaba rey, otro se rasgaba las vestiduras recordando que se había proclamado hijo de Dios.

Le acusaban también de ser un hechicero y un embaucador porque sus curaciones habían resultado ser todas falsas, pues las personas a quienes él había impuesto las manos cayeron de nuevo enfermas. Mintieron y dieron falso testimonio, por ejemplo, sobre la curación del paralítico de la piscina de Betesda. Pero, aun así, todos y cada uno de ellos fueron incapaces de establecer una sola acusación con base legal.

Disputaban violentamente entre sí a ver quién era capaz de verter el mayor infundio sobre Jesús mientras Caifás volvió a erigirse en protagonista. La beata Catalina Emmerick le «oyó» dirigirse así a él, encolerizado:

> —¿Qué clase de rey eres tú? Muéstranos tu poder. Llama a las legiones de ángeles de las que hablabas en el huerto de los Olivos. ¿Dónde has llevado el dinero de las viudas y

> los locos? Has dilapidado fincas enteras, ¿qué ha sido de todo ello? ¡Responde, habla! Ahora que debes hablar ante el juez, te callas, pero mejor hubieras callado ante el pueblo y las mujercillas. Entonces tenías muchas palabras.

Jesús permanecía con la boca cerrada, pese a lo cual prosiguieron los falsos testimonios y las torturas físicas de los soldados. Caifás estaba cada vez más amargado y ansioso, pues los malos tratos a Jesús, las contradicciones de los falsos testigos y la paciencia inalterable del acusado empezaron a surtir efecto en muchos de los presentes, que llegaron incluso a reírse de las sucesivas incoherencias de los declarantes. Exasperado por la confusión reinante, Caifás ya no aguantó más y le dijo una vez más a Jesús, iracundo: «¿Tampoco contestas nada a este testimonio?». Dejemos a Catalina Emmerick que prosiga con lo acontecido ante sus propios ojos del alma:

> Caifás levantó violentamente ambas manos y dijo con voz furiosa:
>
> —¡Te conjuro por Dios vivo a que nos digas si Tú eres el Cristo, el Mesías, el Hijo de Dios altísimo!
>
> Entonces se hizo un profundo silencio en medio del barullo, y Jesús dijo con indecible dignidad, con una voz reforzada por Dios, la voz del Verbo Eterno:
>
> —¡Yo lo soy, tú lo has dicho! ¡Y os digo que pronto veréis al Hijo del Hombre sentado a la derecha de la Majestad venir sobre las nubes del cielo!
>
> [...] Caifás, como si estuviera inspirado por el infierno, agarró el dobladillo de su manto ceremonial, lo rasgó con un

cuchillo y lo desgarró con un ruido siseante mientras gritaba muy fuerte:

—¡Ha blasfemado! ¿Todavía hacen falta testigos, ahora que le habéis oído blasfemar vosotros mismos? ¿Qué os parece ahora?

Entonces se levantaron todos los asistentes que quedaban y gritaron con espantosa voz:

—¡Culpable, a muerte!, ¡culpable, a muerte!

La morada de Caifás

Cuando Caifás se rasgó las vestiduras en medio de una atmósfera angustiosa y escalofriante, Pedro y Juan, los discípulos de Jesús que habían padecido lo indecible al contemplar inactivos y tensos los terribles maltratos a su Maestro, no pudieron soportar estar allí más tiempo. Juan se dirigió a casa de Marta, donde estaba la madre de Jesús con otras santas mujeres, pero Pedro salió al atrio de la casa donde había muchos soldados y gente burlándose del Nazareno mientras se calentaban alrededor de la lumbre. Fue allí mismo, en la casa de Caifás, donde Pedro negó por tres veces consecutivas al Señor hasta que cantó el gallo, tal y como Jesús había profetizado poco antes.

Marcos es el único de los cuatro evangelistas que tiene el valor de añadir que las negaciones de Pedro fueron acompañadas incluso de un juramento en falso. Es decir, que el propio Pedro, la piedra sobre la que Jesús había establecido su Iglesia, puso a Dios por testigo al negar con toda rotundidad que le conociese por temor a que lo detuvieran.

En relación con la casa de Caifás, diversas tradiciones antiguas atestiguan su existencia, como el anónimo de Burdeos datado en el año 333, según el cual aquella se encontraba en el monte Sión. Poco después, san Cirilo de Jerusalén asegura, por su parte, que Jesús fue juzgado en la vivienda de Caifás. De este modo, queda constancia fehaciente por ambos testimonios de que la casa de Caifás era todavía localizable a principios del siglo IV.

Casi un siglo después, el archidiácono Teodosio asegura que sobre la vivienda de Caifás se había edificado ya entonces la Iglesia de San Pedro, la cual distaba «cincuenta pasos» del Santuario de Santa Sión.

En el mismo año 530 del testimonio de Teodosio se registra en el *Breviarius de Hierosolyma* que en la vivienda de Caifás, convertida entonces en la Basílica de San Pedro, fue donde el primer apóstol negó a Jesús.

En 1889, los padres agustinos asuncionistas llevaron a cabo excavaciones en la falda del monte Sión, donde el arqueólogo Germer-Durand halló los vestigios de una iglesia bizantina con la estructura característica de una basílica, junto a construcciones de la época de Herodes y una galería de grutas subterráneas excavadas en la roca.

Los padres agustinos asuncionistas edificaron finalmente una nueva iglesia sobre la bizantina en 1931, a la que denominaron San Pedro en Gallicantu, en conmemoración del canto del gallo que anunció la triple negación del apóstol. Desde el lado norte de la iglesia puede observarse hoy una calle escalonada importante, a juzgar por su anchura, perteneciente cuanto menos a la época de Jesús. Teniendo en cuenta la distribución de las puertas de la ciudad en el siglo primero y la situación del Cenáculo, dado que toda esa zona se encontraba en el interior de la muralla y estaba muy poblada, puede creerse que Jesús recorrió la calle escalonada hasta tres veces la noche de la Última Cena. La tercera pudo producirse cuando fue llevado desde Getsemaní al palacio de Caifás para ser juzgado, aun en el caso de que la morada del sumo sacerdote estuviese en lo alto de la colina.

Al santuario se accede hoy desde la puerta de la Basura y desde la de Sión. Por esta última se toma la carretera que desciende hacia el este y, una vez atravesada la vía principal, se entra en el camino privado de los padres agustinos asuncionistas que sigue bajando hasta el santuario.

Los vestigios arqueológicos conservados allí constituyen la prueba fehaciente de que en aquel preciso lugar se produjeron, como ya hemos visto, las negaciones de Pedro y el juicio de Jesús ante el sanedrín. Es decir, el palacio del sumo sacerdote a donde fue conducido Jesús desde Getsemaní.

Bajo la cripta de la iglesia y en el exterior de la misma pueden observarse hoy una serie de instalaciones que justifican por sí mismas la importancia de la mansión o palacio, como quiera llamársele, a la que pertenecieron: molinos, cisternas o dependencias rupestres.

Por si fuera poco, los arqueólogos exhumaron de las profundidades de la tierra el umbral de una puerta en piedra bien labrada, con una inscripción que señalaba el lugar donde se depositaban las limosnas por el perdón de los pecados, junto a dos colecciones de medidas y pesas de las que se utilizaban en el templo.

En el mismo lugar se halló también un molde para hacer el pan eucarístico donde figura la imagen de un gallo, también encontrado allí, en una clara alusión a las negaciones de Pedro, así como algunos fragmentos de mosaico del santuario bizantino.

6
El prefecto Poncio Pilato

> Tal vez el dato arqueológico más tangible sea la piedra encontrada en Cesarea Marítima que lleva su nombre y su título.
>
> Craig Alan Evans, erudito bíblico

Al día siguiente de comparecer ante el sanedrín, y tras una noche del Jueves al Viernes Santo tortuosa e infausta en una miserable mazmorra, con heridas sangrantes repartidas por el cuerpo entero y, sobre todo, por lo más profundo del alma, los esbirros de Caifás ataron de nuevo a Jesús para llevarle ante Poncio Pilato, no sin antes enroscarle al cuello, como una anaconda, la cadena de los sentenciados a muerte.

Previamente, habían enviado ya un mensajero a Pilato de modo que estuviera listo para juzgar a un criminal a primera hora, pues Caifás y los suyos tenían prisa a causa de la fiesta litúrgica. Únicamente Pilato, en su calidad de gobernador romano de Judea, podía condenar a muerte a Jesús con apariencia de legalidad, acusándole de crímenes contra el César: «A este hemos hallado que pervierte a la nación, y que prohíbe dar tributo al César, diciendo que él mismo es el Cristo, un rey» (Lc 23, 2).

De este modo, la ejecución del reo de muerte no se atribuiría al pueblo judío como tal ni tampoco al sanedrín, sino a un reducido grupo de sacerdotes que manipularon a los romanos para que hiciesen algo que ellos no podían cumplir dentro del marco de su propia ley.

A Pilato se le denomina «gobernador» en el Nuevo Testamento, mientras otras fuentes lo llaman «procurador» o «prefecto», como consta en la inscripción hallada en Cesarea Marítima por un grupo de arqueólogos milaneses en 1961, la cual estudiaremos con todo detenimiento en este mismo capítulo, pues lo justifica por sí misma.

Poncio Pilato subió al poder alrededor del año 26 mientras dos de sus contemporáneos, Sejano en Roma y Flaco en Egipto, defendían políticas antisemitas similares a la suya. Llegó incluso a llevar a Jerusalén estandartes militares con la imagen del César, desafiando así de modo flagrante la ley judía. No era, por tanto, un angelito.

Retrato robot

Graig Alan Evans se alinea, en este sentido, con la figura intermedia y más equilibrada de Pilato, según la cual este no sería el hombre titubeante y débil que presentan los Evangelios, pero tampoco el individuo insensible y malvado retratado por Filón de Alejandría y Flavio Josefo en sus respectivos escritos.

El primero lo describe como un sujeto «inflexible, terco y cruel» y asegura que su mandato se caracterizó por la corrupción en grado sumo: desde sobornos y robos, hasta atropellos y ejecuciones sin juicio previo.

Josefo, por su parte, deja a Pilato también a los pies de los caballos. Pero, en realidad, este solo mantuvo dos discrepancias serias con el pueblo judío, a la primera de las cuales ya hemos aludido al recordar la transgresión de la ley mosaica con motivo de los estandartes militares llevados a Jerusalén por orden estricta suya. El otro incidente relevante fue que Pilato echó mano al tesoro del templo, reservado para los sacrificios nacionales, con el objetivo de financiar el acueducto de Jerusalén. Pero, como advierte el veterano profesor de Artes Liberales y Estudio de la Religión en la Universidad de Massachusetts, Richard Horsley, Pilato no podría haber tocado ni una sola moneda del tesoro del templo sin el consentimiento previo de Caifás, evidenciándose así, una vez más, la connivencia entre el gobernador romano y el sumo sacerdote judío que poníamos de manifiesto ya en el anterior capítulo.

De este modo, no resulta extraño que, poco después de que Pilato fuese destituido de su cargo a principios del año 37, tras su brutal ataque contra los samaritanos, Caifás quedase relevado también del suyo. Ambos debían de haber colaborado juntos, como señala Evans, en la represión contra el pueblo samaritano alentada por los jefes de los sacerdotes, que despreciaban a sus vecinos del norte y no veían con buenos ojos el restablecimiento de su templo rival en el monte Garizín.

Al papirólogo e historiador antiguo Brian McGing, el retrato que los Evangelios hacen de un Pilato prudente y oportunista le parece plausible. Su comportamiento cauteloso y conciliador con los judíos, excepción hecha de la provocación aislada con los estandartes militares, explicaría su largo mandato, la ausencia de conflictos con los dirigentes semitas y el hecho comprensible de que Pilato, que acababa de llegar a Jerusalén con motivo de la Pascua, no quisiera ofender a los judíos durante la fiesta.

Jesús ante Pilato

De nuevo la beata Catalina Emmerick contempló a Jesús mientras era trasladado al palacio de Pilato con la larga cadena de gruesos eslabones colgada desde el cuello hasta las rodillas, la cual golpeaba las rótulas por la inercia de sus pasos provocándole un dolor indescriptible. El rostro de Jesús estaba desfigurado por los terribles malos tratos recibidos durante la noche interminable:

> Era un cuadro desolador —se lamenta la mística—: trastabillaba, tenía el pelo y la barba desgreñados, la cara hinchada y cárdena por los golpes. Le arrastraban con burlas y malos tratos. Mucha gentuza alborotaba y se mofaba de esta comitiva comparándola con su entrada regia el Domingo de Ramos. Le llamaban con toda clase de nombres burlescos de reyes, tiraban al camino delante de él piedras, palos, tarugos y trapos sucios para remedar su entrada solemne, acompañándolo con toda clase de canciones burlescas y exclamaciones. Los esbirros daban tirones a las cuerdas de Jesús para hacerle tropezar en los obstáculos, y todo el camino fue un continuo maltrato.

Eran alrededor de las seis de la mañana, según Emmerick, cuando la comitiva de los sumos sacerdotes y fariseos llegó con Jesús al palacio de Pilato, situado al pie del ángulo noroccidental del monte del Templo. El gobernador ya los estaba esperando en el balcón de la terraza, tendido en una especie de diván y rodeado de oficiales y soldados. Los esbirros arrastraron a Jesús hasta el pie de la escalera que conducía hacia Pilato. Los sumos sacerdotes y los judíos se mantuvieron a cierta distancia porque, según la ley, su cercanía a la autoridad romana les volvía impuros. Existía, por tanto, una frontera bien delimitada que en ningún momento se atrevieron a franquear para no contaminarse y poder comer la Pascua, como advierte el cuarto evangelista Juan (Jn 18, 28).

Llamado a sí mismo «el discípulo amado» en su Evangelio, Juan nos retrotrae al momento preciso en que Jesús llegó ante la presencia de Poncio Pilato:

> Salió, pues, Pilato fuera y dijo: «¿Qué acusación traéis contra este hombre?». Ellos respondieron, diciéndole: «Si no fuera malhechor, no te lo traeríamos». Díjoles Pilato: «Tomadle vosotros y juzgadle según vuestra ley». Le dijeron entonces los judíos: «Es que a nosotros no nos es permitido darle muerte a nadie». Para que se cumpliese la palabra que Jesús había dicho, significando de qué muerte había de morir.
>
> Entró de nuevo Pilato en el pretorio y, llamando a Jesús, le dijo: «¿Eres tú el rey de los judíos?». Respondió Jesús: «¿Por tu cuenta dices eso o te lo han dicho otros de mí?». Pilato contestó: «¿Soy yo judío por ventura? Tu nación y los pontífices te han entregado a mí; ¿qué has hecho?». Jesús respon-

dió: «Mi reino no es de este mundo; si de este mundo fuera mi reino, mis ministros habrían luchado para que no fuese entregado a los judíos; pero mi reino no es de aquí». Le dijo entonces Pilato: «Luego, ¿tú eres rey?». Respondió Jesús: «Tú dices que soy rey. Yo para esto he nacido y para esto he venido al mundo, para dar testimonio de la verdad; todo el que es de la verdad oye mi voz».

Pilato le dijo: «¿Y qué es la verdad?». Y dicho esto, de nuevo salió a los judíos y les dijo: «Yo no hallo en este ningún delito. Hay entre vosotros costumbre de que os suelte a uno en la Pascua. ¿Queréis, pues, que os suelte al rey de los judíos?». Entonces, de nuevo gritaron, diciendo: «¡No a este, sino a Barrabás!». Era Barrabás un bandolero.

Tomó entonces Pilato a Jesús y mandó azotarle. Y los soldados, tejiendo una corona de espinas, se la pusieron en la cabeza, le vistieron un manto de púrpura y, acercándose a Él, le decían: «¡Salve, rey de los judíos!»; y le daban bofetadas. Otra vez salió fuera Pilato y les dijo: «Aquí os lo traigo para que veáis que no hallo en Él ningún crimen». Salió, pues, Jesús fuera con la corona de espinas y el manto de púrpura, y Pilato les dijo: «Ahí tenéis al hombre». Cuando le vieron los príncipes de los sacerdotes y sus servidores, gritaron, diciendo: «¡Crucifícale, crucifícale!». Díjoles Pilato: «Tomadlo vosotros y crucificadle, pues yo no hallo delito en Él». Respondieron los judíos: «Nosotros tenemos una ley y, según la ley, debe morir, porque se ha hecho Hijo de Dios».

Cuando Pilato oyó estas palabras, temió más, y entrando otra vez en el pretorio, dijo a Jesús: «¿De dónde eres tú?». Jesús no le dio respuesta ninguna. Díjole entonces Pilato: «¿A mí no me respondes? ¿No sabes que tengo poder para soltarte y poder para crucificarte?». Respondióle Jesús: «No tendrías ningún poder sobre mí si no te hubiera sido dado de lo alto; por esto los que me han entregado a ti tienen mayor pecado». Desde entonces Pilato buscaba librarle; pero los judíos gritaron, diciéndole: «Si sueltas a ese, no eres amigo del César; todo el que se hace rey va contra el César».

Cuando oyó Pilato estas palabras sacó a Jesús fuera y se sentó en el tribunal, en el sitio llamado *litóstrotos,* en hebreo *gabbata*. Era el día de la preparación de la Pascua, alrededor de la hora sexta. Dijo a los judíos: «Ahí tenéis a vuestro rey». Pero ellos gritaron: «¡Quita, quita! ¡Crucifícale!». Pilato preguntó: «¿A vuestro rey voy a crucificar?». Contestaron los príncipes de los sacerdotes: «Nosotros no tenemos más rey que al César». Entonces se lo entregó para que lo crucificasen (Jn 18, 29-39; 19, 1-16).

El elíseo romano

Pilato solía residir en la ciudad de Cesarea Marítima, sin duda la más rica y suntuosa de su tiempo en toda Palestina. Pero durante la Pascua y otras solemnidades, trasladaba su residencia a Jerusalén, donde se produjo precisamente la escena anterior que Juan relata con todo detalle en su Evangelio.

En Cesarea Marítima se registró, como ya sabe el lector, uno de los hallazgos arqueológicos más importantes y decisivos relacionados con la Pasión e historicidad de Jesús, el cual examinaremos muy pronto con la requerida atención. Pero antes de eso, conviene contextualizar el sensacional descubrimiento de la inscripción de Pilato, lo cual nos conduce de modo inexorable a esta ciudad, cuyas ruinas se localizan hoy en la costa centro-septentrional de Israel, en la llanura de Sharon, entre Tel Aviv y Jafa, donde el gobernador romano residía la mayor parte del año.

De la enorme riqueza de Cesarea Marítima da fe la ingente cantidad de restos arqueológicos de materiales nobles rescatados de las entrañas de la ciudad a lo largo de los años: desde montones de columnas graníticas y marmóreas, hasta frisos y capiteles esculpidos con verdadero primor, fragmentos de estatuas de los más variados tamaños y gran número de inscripciones, tal y como señala el arqueólogo Florentino Díez Fernández.

La ciudad poseía una cantera excepcional de la que salieron los materiales para la edificación de numerosas mansiones regias, mezquitas e instalaciones públicas de San Juan de Acre, Jafa, Ramle e incluso Jerusalén. La historia de Cesarea no fue excesivamente larga, pero su situación privilegiada, su gran puerto comercial y el hecho de haber sido la capital política del país la convirtieron en una ciudad cosmopolita y sin duda en la más próspera de toda Palestina.

Su artífice y fundador fue Herodes I el Grande, a quien el Senado romano nombró rey de los judíos por indicación de Marco Antonio en el año 40 antes de Cristo para recuperar Judea de manos de Antígona. Herodes el Grande se erigió en uno de los constructores más prolíficos de la Antigüedad. Diversos autores nos informan de que en Cesarea existían ya un pequeño puerto y una fortaleza poblada de origen fenicio, fundada probablemente durante el período persa y conocida con el nombre de «Torre Estratón». Así lo atestiguan Zenón, Estrabón, el geógrafo Artemidoro y el propio Flavio Josefo.

Con Alejandro Janeo, Cesarea se integró en el reino de los Asmoneos hasta que Pompeyo la puso bajo la dependencia del procónsul romano de Siria y, más tarde, Octaviano cedió la ciudad a Herodes, quien la eligió, finalmente, para construir sobre ella otra nueva metrópoli.

Las obras comenzaron en el año 22 antes de Cristo, y la ciudad quedó inaugurada hacia el año 13. Un suspiro en el tiempo, desde luego, si se repara en que la nueva ciudad albergaba un espléndido palacio, así como diversos edificios públicos, un anfiteatro, un hipódromo para eventos atléticos, un acueducto para el abastecimiento de agua, almacenes, desagües públicos y, sobre todo, el puerto *Sebastós,* la traducción griega del *Augusto* latino, uno de los tres mejores de todo el Mediterráneo. Flavio Josefo no se anduvo precisamente por las ramas al describir ese auténtico prodigio en la bahía:

> La dotó [Herodes] de un gran puerto, venciendo grandes dificultades, mayor que el del Pireo [el puerto de Atenas]. El rompeolas que lo cerraba por el sur y poniente tenía más de sesenta y cinco metros de ancho. Frente a la entrada del puerto construyó, sobre una pequeña altura, un templo que dedicó a César, de excelentes proporciones y belleza, con una colosal estatua de Octavio [nombre inicial de César Augusto], no inferior al Júpiter Olímpico, al que se asemejaba, y el coloso de Roma, igual a la Hera de Argos. De toda esta maravilla construida con piedra blanca, Herodes dedicó la ciudad a la provincia, el puerto a los navegantes y a César el honor de la fundación: por eso la llamó Cesarea.

Josefo aludía al fabuloso Templo de Roma y Augusto, que alcanzaba hasta treinta y tres metros de altura y podía divisarse desde cualquier punto de la ciudad o del puerto artificial construido también por Herodes, tras desafiar e imponerse finalmente a las más elementales leyes topográficas. Asimismo, el rey instaló diques que se adentraban doscientos cincuenta metros en el mar, y un malecón de casi un kilómetro de longitud que cobijaba más de dieciséis hectáreas de dársenas. Los muelles del dique medían hasta sesenta metros de anchura. Una obra, en verdad, descomunal.

Si el puerto era un verdadero portento de la ingeniería, tampoco lo era menos el trazado ortogonal con el que Herodes dividió la ciudad de Cesarea en dos grandes avenidas: «el cardo», que transcurría de norte a sur, y «el decumano», perpendicular al anterior, en sentido este-oeste.

Cesarea, tal y como la describen Crossan y Reed, era una ciudad repleta de pavimentos de mosaico, paredes estucadas y cubiertas con pinturas al fresco, revestimientos de mármol, techumbres de tejas rojas y cantidades ingentes de columnas de piedra recubiertas de estuco y adornadas con molduras y estrías de yeso.

Tras la muerte de Herodes, en el año 4 antes de Cristo, la ciudad siguió extendiéndose fuera de la muralla, y durante el período bizantino se levantó en su lugar otra nueva para proteger a las barriadas recién construidas. Fue entonces cuando Cesarea Marítima alcanzó su máxima extensión, con casi ocho kilómetros a lo largo de la costa y tres kilómetros hacia el interior.

Destituido Arquelao, hijo de Herodes, por Augusto en el año 6, los romanos se anexionaron Judea y Samaría, gobernadas desde entonces por procuradores romanos que establecieron su sede en Cesarea. La dependencia de Roma duró casi seis siglos. Fue así como Poncio Pilato estableció allí su residencia privada cuando Jesús fue conducido a su presencia.

Cesarea en el Nuevo Testamento

Cesarea, que ha sido objeto de campañas arqueológicas que empezaron en 1873 y han continuado de modo ininterrumpido durante más de un siglo, hasta hoy mismo, fue testigo en su día del celo apostólico de la Iglesia primitiva tras la pasión, muerte y resurrección de Jesús. Allí tuvo lugar la celebrada conversión del centurión pagano Cornelio, que establece un antes y un después en la evangelización de los gentiles promovida por Pedro y Pablo. En los Hechos de los Apóstoles se narra así lo sucedido a Cornelio en Cesarea:

> Al otro día [Pedro] entró en Cesarea, donde los esperaba Cornelio, que había invitado a todos sus parientes y amigos íntimos. Así que entró Pedro, Cornelio le salió al encuentro y, postrándose a sus pies, le adoró.
>
> Pedro le levantó, diciendo: «Levántate, que yo también soy hombre».
>
> Conversando con él, entró y encontró allí a muchos reunidos, a quienes dijo: «Bien sabéis cuán ilícito es a un hombre judío llegarse a un extranjero o entrar en su casa, pero

Dios me ha mostrado que a ningún hombre debía llamar manchado o impuro, por lo cual, sin vacilar, he venido, obedeciendo al mandato. Pregunto, pues: ¿Para qué me habéis llamado?».

Cornelio contestó: «Hace cuatro días, a esta hora de nona, orando yo en mi casa, vi a un varón vestido de refulgentes vestiduras, que me dijo: "Cornelio, ha sido escuchada tu oración, y tus limosnas recordadas delante de Dios. Envía, pues, a Joppe y haz llamar a Simón, llamado Pedro, que se hospeda en casa de Simón el curtidor, junto al mar". Al instante envié por ti, y tú te has dignado venir. Ahora, pues, todos nosotros estamos en presencia de Dios, prontos a escuchar de ti lo ordenado por el Señor».

Tomando entonces Pedro la palabra, dijo: «Ahora reconozco que no hay en Dios acepción de personas, sino que en toda nación el que teme a Dios y practica la justicia es aceptado. Él ha enviado su palabra a los hijos de Israel, anunciándoles la paz por Jesucristo, que es el Señor de todos. Vosotros sabéis lo acontecido en toda Judea, comenzando por la Galilea, después del bautismo predicado por Juan; esto es, cómo a Jesús de Nazaret le ungió Dios con el Espíritu Santo y con poder, y cómo pasó haciendo bien y curando a todos los oprimidos por el diablo, porque Dios estaba con Él. Y nosotros somos testigos de todo lo que hizo en la tierra de los judíos y en Jerusalén y de cómo le dieron muerte suspendiéndole de un madero. Dios le resucitó al tercer día y le dio manifestarse, no a todo el pueblo, sino a los testigos de antemano elegidos por Dios, a nosotros, que comimos y bebimos con Él después de resucitado de entre los muertos. Y nos ordenó predicar al pueblo a atestiguar que por Dios ha sido instituido juez de vivos y

> muertos. De Él dan testimonio todos los profetas, que dicen que por su nombre cuantos creen en Él recibirán el perdón de los pecados».
>
> Aún estaba Pedro diciendo estas palabras, cuando descendió el Espíritu Santo sobre todos los que oían la palabra, y los fieles de la circuncisión que habían venido con Pedro quedaron atónitos de que el don del Espíritu Santo se derramase sobre los gentiles, porque los oían hablar en varias lenguas y glorificar a Dios.
>
> Entonces tomó Pedro la palabra: «¿Podrá, acaso, alguno negar el agua del bautismo a los que han recibido el Espíritu Santo igual que nosotros?». Y mandó bautizarlos en el nombre de Jesucristo. Entonces le rogaron que se quedase allí algunos días (Hch 10, 24-48).

Pablo pasó también por Cesarea para llevar el Evangelio, solo que, en su caso, a diferencia de Pedro, sufrió allí prisión por su causa. Habiendo sido arrestado en Jerusalén bajo la falsa acusación de profanar el templo introduciendo en él a varios griegos, fue trasladado a Cesarea Marítima para someterse a juicio. Pero tuvo que permanecer encarcelado durante casi dos años en espera de comparecer ante el tribunal, razón por la cual decidió apelar finalmente al César en su calidad de ciudadano romano:

> Transcurridos dos años —se da cuenta también en los Hechos de los Apóstoles—, Félix tuvo por sucesor a Porcio Festo; pero queriendo congraciarse con los judíos, dejó a Pablo en la prisión (Hch 24, 27).
>
> [...]

Llegó Festo a la provincia, y a los tres días subió de Cesarea a Jerusalén, y los príncipes de los sacerdotes y los principales de los judíos le presentaron sus acusaciones contra Pablo. Pidieron la gracia de que le hiciese conducir a Jerusalén. Hacían esto con ánimo de prepararle una asechanza para matarle en el camino. Festo les respondió que Pablo estaba preso en Cesarea y que él mismo había de partir en breve para allá: «Así, pues, que los principales de vosotros bajen conmigo para acusar allí a ese hombre, si tienen de qué».

Habiendo pasado entre ellos solo unos ocho o diez días, bajó a Cesarea, y al día siguiente se sentó en su tribunal, ordenando presentar a Pablo. Presentado este, los judíos que habían bajado de Jerusalén le rodearon, haciéndole muchos y graves cargos, que no podían probar, replicando Pablo que ni contra la ley de los judíos, ni contra el templo, ni contra el César había cometido delito alguno. Pero Festo, queriendo congraciarse con los judíos, se dirigió a Pablo y le dijo: «¿Quieres subir a Jerusalén y allí ser juzgado ante mí de todas estas acusaciones?». Pablo contestó: «Estoy ante el tribunal del César; en él debo ser juzgado. Ninguna injuria he hecho a los judíos como tú bien sabes. Si he cometido alguna injusticia o crimen digno de muerte, no rehúso morir. Pero si no hay nada de todo eso de que me acusan, nadie puede entregarme a ellos. Apelo al César». Festo entonces, después de hablar con los de su consejo, respondió: «Has apelado al César, al César irás» (Hch 25, 1-12).

El teatro

Tal es el contexto geográfico, histórico, artístico y evangélico en el que debe enmarcarse la valiosa inscripción en piedra caliza (a la que ya aludimos) hallada en Cesarea Marítima mientras el equipo dirigido por el arqueólogo milanés Antonio Frova (1914-2007) llevaba a cabo unas excavaciones en el teatro y el anfiteatro de la ciudad, en 1961.

Frova y su equipo de arqueólogos habían iniciado ya el rescate de las ruinas del teatro romano en 1959 y su laborioso trabajo se prolongaría hasta 1964, es decir, durante nada menos que seis largos años.

Situado al suroeste de la metrópoli, Frova y sus hombres inspeccionaban entonces las vísceras del antiguo escenario donde Herodes había promovido las competiciones atléticas y desde el cual se divisaba directamente su palacio a orillas del mar, en señal de que él y nadie más era el supremo patrocinador de todos los eventos allí celebrados.

En el antiguo palacio de Herodes, convertido sucesivamente en sede de los prefectos y gobernadores romanos, debió de hallarse el pretorio donde Pablo permaneció encarcelado entre los años 58 y 60 en espera de juicio.

Con capacidad para unos cuatro mil espectadores, el teatro simbolizaba también la rígida separación de clases sociales existente en Cesarea, pues las personas más pudientes accedían a él por una puerta exclusiva para ellas y disponían de asientos reservados con respaldo situados más cerca del escenario, e incluso grabados en piedra en algunos casos con el nombre de la familia.

La plebe, en cambio, entraba por los llamados *vomitoria* (plural en latín de *vomitorium),* unos pasillos situados debajo o detrás de las gradas del teatro, a través de los cuales grandes multitudes de espectadores podían acceder y salir con sorprendente rapidez de allí. En el Coliseo de Roma, por ejemplo, había setenta y seis vomitorios generales por los que alrededor de cincuenta mil personas podían trasladarse del exterior del edificio hasta sus asientos en las gradas en tan solo quince minutos.

El teatro donde el doctor Frova y su equipo encontraron la inscripción que refuerza, aún más si cabe, la veracidad de los Evangelios ha sido datado en el siglo segundo, pero se levanta en el mismo lugar exactamente que el teatro construido por Herodes, bajo cuyo pavimento marmóreo se hallaron una docena de pisos superpuestos de mortero blanco pintados con motivos geométricos imitando al mármol, todos ellos herodianos.

Es muy probable que en este mismo teatro, donde Antonio Frova y sus hombres realizaban trabajos arqueológicos, falleciese de un ataque al corazón el rey Herodes Agripa, en el año 44, según el testimonio de Flavio Josefo. También en los Hechos de los Apóstoles figura este pasaje: «El día señalado, Herodes, vestido de las vestiduras reales, se sentó en su estrado y les dirigió la palabra. Y el pueblo comenzó a gritar: «Palabra de Dios y no de hombre». Al instante le hirió el ángel de Señor, por cuanto no había glorificado a Dios y, comido de gusanos, expiró» (Hch 12, 21-23).

En diciembre de 2020 se descubrió en Getsemaní (arriba) un *miqweh,* es decir, uno de los escasísimos baños rituales judíos datados en el siglo primero.

Ana Catalina Emmerick (1774-1824), una monja agustina alemana beatificada por Juan Pablo II, describió la Pasión de Jesús con una asombrosa riqueza de detalles.

Las ruinas de la antigua ciudad de Séforis han sido exhumadas sin desfallecer por cuatro equipos de arqueólogos durante las últimas décadas, dejando al descubierto un teatro romano, un enorme acueducto subterráneo y el mosaico de Dionisio.

Cada vez son más los científicos y expertos en el Nuevo Testamento que consideran la piscina de Betesda uno de los descubrimientos arqueológicos más relevantes de todos los tiempos para la investigación histórica sobre Jesús. Allí curó al paralítico del Evangelio.

La piscina de Siloé fue promovida, sin duda, por la fastuosidad del gran impulsor Herodes el Grande, principal artífice de la «moderna» Cesarea Marítima.

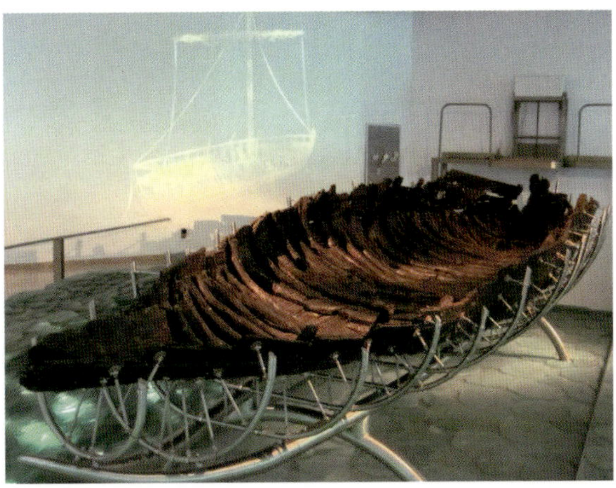

Esta barca —igual o similar a la de Pedro que zozobró sobre las aguas de Genesaret—, construida en el siglo primero y utilizada para la navegación hasta el año 70, aproximadamente, se halló en 1986 en las riberas del lago como consecuencia de la sequía que asoló la región aquel año.

La copa de ágata veteada de Valencia mide diecisiete centímetros de altura por nueve de diámetro, con una base de concha en forma elíptica. Significados expertos aseguran que es el auténtico Cáliz con el que Jesús celebró la Última Cena.

Caifás, en primer término con manto bermejo y principal acusador de Jesús, fue nombrado sumo sacerdote por influencia de Anás, de quien era yerno.

El hallazgo inopinado del osario de Caifás, en noviembre de 1990, constituye uno de los más grandes hitos de la arqueología moderna y refuerza aún más, si cabe, la historicidad de Jesús y el relato fiel de su Pasión.

El prefecto romano Poncio Pilato se lavó las manos dando a entender que se mantenía al margen de la condena de Jesús, cuando no fue así.

A Poncio Pilato se le denomina «gobernador» en el Nuevo Testamento, mientras otras fuentes lo llaman «procurador» o «prefecto», como consta en la inscripción hallada en Cesarea Marítima por un grupo de arqueólogos en 1961.

En la Catedral de Notre Dame de París se conserva hoy el aro de veintiún centímetros de diámetro que encajaba en la cabeza de Jesús. El aro está intacto y formado por un conjunto de juncos entrelazados de la especie *Juncus balticus*.

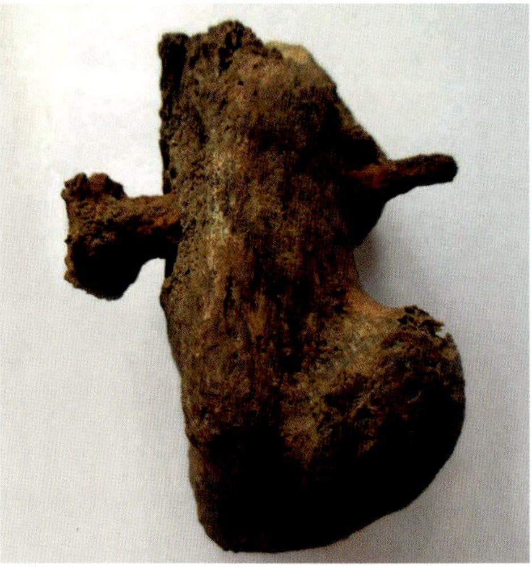

«Esqueleto 4926». Así denominaron los arqueólogos al individuo desconocido que permaneció enterrado durante diecisiete siglos con el fragmento de un clavo de hierro de cinco centímetros de largo, remachado de forma horizontal en el calcáneo de su talón derecho. A imagen y semejanza de Jesús.

Elena de Constantinopla mandó engastar parte del tercer clavo con el que crucificaron a Jesús en el bocado del caballo de su hijo Constantino y en el yelmo o en la corona imperial. De ahí que a este fragmento del clavo se le conozca también con el sobrenombre de *Sacro Morso* (Bocado Sagrado).

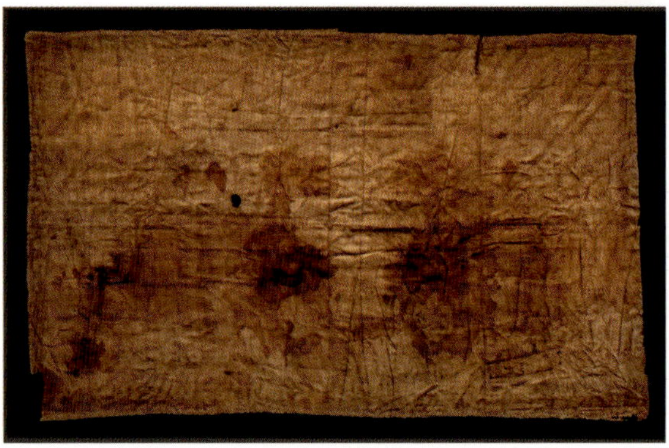

El Sudario de Oviedo, que cubrió el rostro de Jesús, aparece como un rectángulo de tela de lino, la misma que la Sábana Santa, con unas dimensiones de 85,5 centímetros de largo por 52,6 de ancho.

El hallazgo del Gólgota es la prueba arqueológica de que Jesús fue crucificado en la roca que actualmente se ve dentro de la Basílica del Santo Sepulcro, localizada en el interior de la muralla de Jerusalén.

En el Monasterio de Santo Toribio de Liébana, Cantabria, se conserva el fragmento más grande de la Cruz de Cristo en todo el mundo. Se trata del brazo izquierdo del *patibulum* o madero horizontal.

La tela depositada en Turín es de una sola pieza, gastada y amarillenta por el paso de los siglos, y tres veces más larga que ancha. Es toda de lino puro, tupido y opaco. El perito textil Virginio Timossi asegura que la Sábana Santa se confeccionó en su día con gran calidad de hilado, constituyendo así un fino trabajo.

Un año después del trágico incendio, el domingo 24 de mayo de 1998, Juan Pablo II permaneció arrodillado ante la Sábana Santa, trasladada ya entonces a la Catedral de Turín, donde se conserva hoy.

Tras someter unas fotografías de la Síndone al estudio de un analizador de imágenes pudo reconstruirse finalmente la Sábana. ¿Qué imagen se puede contemplar? Ni más ni menos que la foto tridimensional de un cuerpo humano en levitación.

La inscripción

Fue allí, en aquel teatro romano erigido en el extremo meridional de Cesarea Marítima, donde Frova debió de permanecer atónito al encontrarse con el bloque de piedra caliza parcialmente dañado, de ochenta y dos por sesenta y cinco centímetros de diámetro y realizado entre los años 26 y 37, cuya inscripción él mismo recompuso así:

[CAESARIEN] S TIBERIÈUM
[PON] TIUS PILATUS
[PRAEF] ECTUS IUDA [EA] E
[D] É [DIT]

Traducida del latín, se dice en ella esto mismo:

A LOS CESARIENSES ESTE *TIBERIUM*
PONCIO PILATO
PREFECTO DE JUDEA
DEDICÓ

De modo que, según la versión de Frova de esta inscripción conservada hoy en el Museo de Israel, en Jerusalén, Pilato ofreció al pueblo de Cesarea un *tiberium* o templo construido a instancias suyas mientras era prefecto de Judea, el cual se dedicaba a la adoración del emperador Tiberio que reinaba entonces.

Pero Craig Alan Evans señala que esta reconstrucción de Frova ha sido puesta en tela de juicio por numerosos autores.

Aunque ni Evans ni nadie duda ya que en ella aparece por primera vez el nombre de Poncio Pilato, lo cual constituye el elemento primordial de la inscripción.

Hecha esta aclaración, Evans otorga más credibilidad a la interpretación de Géza Alföldy, historiador, romanista y epigrafista húngaro fallecido en noviembre de 2011, según el cual la inscripción hallada por Frova aludiría, en realidad, a un *tiberium* restaurado por Pilato para los marineros de Cesarea Marítima. He aquí su particular reconstrucción:

[NAUTI] S TIBERIÉUM
[PON] TIUS PILATUS
[PRAEF] ECTUS IUDA [EA] E
[REF] É [CIT]

[DE LOS MARINO] S EL *TIBERIUM*
[PON] CIO PILATO
[PREF] ECTO DE JUDE [A]
[RESTAUR [O]

Sea como fuere, advirtamos que el nombre completo de «Poncio Pilato» aparece citado tan solo tres veces en el Nuevo Testamento: Lc 3, 1; Hch 4, 27, y Tim 6, 13. El político e historiador romano Cornelio Tácito, que vivió entre los años 55 y 118, asegura que Jesús había sido condenado a muerte durante el reinado de Tiberio y «por [sentencia] del procurador Poncio Pilato *(per procuratorem Pontium Pilatum)*». No resulta extraño así que Evans ponga esto mismo de relieve: «Llamar a Pilato "procurador" —advierte— resulta anacrónico, como algunos especialistas supusieron [en alusión al historiador británico Arnold Hugh Martin Jones y otros], pues, antes del breve reinado de Agripa I (41-44), los gobernadores romanos de Judea eran prefectos».

Sabemos así, gracias a esta inscripción, que Poncio Pilato no era procurador, como se alude a él con frecuencia, sino prefecto, que no es lo mismo. Mientras el prefecto era más bien un puesto militar, una especie de gobernador militar, el procurador ostentaba una autoridad civil más amplia y se encargaba de velar por los intereses financieros del emperador.

Pero más allá del cargo que desempeñase Pilato, el cual, a fin de cuentas, no tiene mayor trascendencia hoy día, si por algo llama la atención la inscripción hallada en Cesarea Marítima es, sencillamente, insistamos una y mil veces, porque constituye una prueba crucial sobre la autenticidad de los Evangelios al ratificar la existencia histórica de Pilato, uno de los protagonistas de la Pasión de Cristo.

El prefecto Poncio Pilato fue, en efecto, el gobernador de Judea ante el cual compareció Jesús conducido hasta él por un grupo de judíos encabezado por el sumo sacerdote Caifás. Desde el punto de vista de la Historia, con mayúscula, no existe ya duda de la existencia de Pilato ni de la verosimilitud del relato evangélico, a imagen y semejanza de como sucede con Caifás.

7
El casco de púas

Jamás se ha registrado por los historiadores
que un crucificado haya sido coronado de espinas.

Giulio Ricci, director del Centro Romano de Sindonología

Los Evangelios constituyen nuevamente la prueba principal de que a Jesús le coronaron o más bien le encajaron en la cabeza un casco de espinas. Curiosamente, de los millares de crucifixiones documentadas de la época, a ni una sola de las víctimas le colocaron un bonete o casco de púas, como a él.

El sacerdote italiano monseñor Giulio Ricci, director del Centro Romano de Sindonología y miembro de la curia vaticana, asegura este extremo en su libro *La Sábana Santa, documento original de la Pasión de Cristo:* «Jamás se ha registrado por los historiadores que un crucificado haya sido coronado de espinas», asevera.

Lo mismo que la historiadora y arqueóloga Maria Grazia Siliato, fundadora de la Sociedad de Antigüedades Paleocristianas y Arqueología con sede en Roma, quien subraya que el caso de Jesús es único en la Historia: «No existe documento alguno donde conste la coronación de espinas, ni entre los romanos ni en ningún otro pueblo», señala, rotunda.

Mateo, entre tanto, se muestra así de preciso en su relato de la coronación:

> Entonces, los soldados del gobernador, tomando a Jesús, lo condujeron al pretorio y, reuniendo en torno a él a toda la cohorte, y despojándole de sus vestiduras, le echaron encima una clámide de púrpura [capa corta y ligera que usaron los griegos para montar a caballo, y que después adoptaron los romanos] y, tejiendo una corona de espinas, se la pusieron sobre la cabeza, y en la mano una caña; y doblando ante Él la rodilla, se burlaban diciendo: «¡Salve, rey de los judíos!». Y escupiéndole, tomaban la caña y le herían con ella en la cabeza. Después de haberse divertido con Él, le quitaron la clámide, le pusieron sus vestidos y le llevaron a crucificar (Mt 27, 27-31).

Vale la pena reproducir a continuación un extracto del lúcido pasaje de la vidente y beata Catalina Emmerick, recogido en su día con todo rigor por su amanuense Clemente Brentano, dado su innegable poder evocador y visual que no desvirtúa en absoluto los aspectos esenciales del relato evangélico, sino que lo enriquece:

> La coronación de espinas —detalla Emmerick— y los escarnios a Jesús se produjeron en el patio interior del cuerpo de guardia, que está encima de los calabozos, junto al foro [...]. Rodaron el pie de una vieja columna al centro del patio, donde había un agujero en el que la columna podría quedar bien sujeta, y encima pusieron un taburete bajo y redondo que tenía detrás un asa para agarrarlo [...]. Arrancaron todas

> las vestiduras del cuerpo herido de Jesús y le pusieron un manto de soldado, viejo, roto, desgarrado y tan corto que no le llegaba a las rodillas [...].
>
> Ahora arrastraron a Jesús al asiento cubierto de piedra y cascotes y sentaron de golpe contra él su cuerpo desnudo y herido. Acto seguido le pusieron la corona de espinas, que tenía un par de palmos de alto y de ancho; estaba tejida con arte, y el borde de arriba sobresalía. Se la pusieron como una venda alrededor de la frente y la ataron fuertemente por detrás, para que formara un sombrero-corona.
>
> Estaba tejida artísticamente con tres ramas de espino de un dedo de grosor recién arrancadas, con la mayoría de las espinas vueltas a propósito hacia dentro. Las espinas eran de tres clases, de la misma forma que hacemos aquí la corona con tamujo, endrino y espino albar. Al tejido de la corona le habían añadido por arriba un borde sobresaliente, tejido con unas espinas como nuestras zarzamoras, que servía para agarrar y estirar la corona. He visto el paraje donde estos chicos recogieron las espinas.
>
> Le pusieron en la mano una gruesa caña con una mata en la punta. Todo lo hacían con burlesca solemnidad, como si realmente estuvieran coronando a un rey. Luego le quitaron la caña de las manos, y le pegaron con ella tan violentamente en la corona que le llenaron los ojos de sangre [...].

El antropólogo italiano Giovanni Judica-Cordiglia incide en los golpes inmisericordes que recibió Jesús con esa maldita caña, cuyas huellas sanguinolentas siguen atrayendo las miradas compasivas de quienes contemplan hoy en día la Sábana Santa en cualquiera de sus ostentaciones celebradas en Turín.

Esas manchas que evidencian cómo las largas y afiladas espinas traspasaron, laceraron la piel y penetraron como púas de puercoespín en las terminaciones nerviosas del cuero cabelludo una y otra vez, como si la corona, tras encajarla en la cabeza del Nazareno, siguiese oprimiendo con toda su fuerza las sienes: «¿No escribe Marcos —se pregunta, acaso, Judica-Cordiglia—: "Y herían su cabeza con una caña y le escupían"? ¿No completa Mateo: "Y, escupiéndole, tomaban la caña y le herían con ella en la cabeza"?».

Cincuenta heridas en la cabeza

La propia María de Nazaret reveló a santa Brígida, según cuenta san Alfonso María de Ligorio, que el casquete de espinas ceñía toda la cabeza de su hijo, cubriéndole hasta la mitad de la frente. El griego Orígenes, por su parte, uno de los tres pilares de la teología cristiana junto con san Agustín y santo Tomás, asegura que la corona no se le quitó de la cabeza a Jesús hasta después de expirar en la cruz. Como la túnica interior no llevaba costuras, sino que era inconsútil, los soldados se apoderaron de ella extrayéndola por la cabeza, de modo que debieron de despojarle primero de la corona para volver a colocársela antes de clavarlo en la cruz.

Los soldados de la guarnición romana habían trenzado previamente unas ramas de espino y las encajaron a golpes en la cabeza de Jesús. La planta empleada tenía espinas largas y anchas de punta muy afilada, como ya sabemos. Y no era la suya una corona cualquiera, sino un bonete o un casco, insistimos, pues las heridas punzantes, tal y como se observan hoy en la Síndone de Turín, están repartidas por todo el cráneo.

Colocar el casquete sobre la cabeza no fue tarea fácil. Encajarlo requirió mucha energía para que las espinas atravesasen el pelo y el cuero cabelludo. El profesor Giovanni Judica-Cordiglia ha tomado medidas muy precisas de todo el rostro de la Sábana Santa: mide exactamente 13,48 centímetros de ancho, por 17,55 de alto. Judica-Cordiglia nos indica a continuación que las heridas punzantes son unas cincuenta, y explica:

> Existen singulares calcados de gotas sanguíneas que se extienden por la región frontal, parietal, temporal y occipital. Son la expresión de lesiones sobre el cuero cabelludo. Considerando su distribución a modo de aureola, debemos deducir que han sido causadas por objetos en punta, aguijoneados, frotados o clavados en forma de corona o cofia de espinas sobre el copiosamente regado cutis de la cabeza. Una gota más marcada se encuentra en la región mediana de la frente, que ofrece la forma de un «3» al revés: la sangre se ha abierto camino entre las arrugas de la frente en dos momentos, es decir, primero cuando se contrajeron los músculos de la piel, en el espasmo del dolor, y luego en su relajamiento final al momento de la muerte.

Al impactar en la cabeza de Jesús, el casquete produjo un dolor indescriptible, dadas las numerosas terminaciones nerviosas localizadas en esa región cutánea. Por si fuera poco, Jesús llevó la corona sobre su cabeza casi todo el tiempo que duró su Pasión, desde la flagelación hasta la muerte. Cada movimiento que hacía en su camino hacia el Gólgota, con la cruz a cuestas, perjudicaba los vasos sanguíneos y las terminaciones nerviosas situadas alrededor de la punta de cada espina.

La calavera parlante

El doctor Sebastiano Rodante, patólogo anatómico en la Universidad de Siracusa, concluye, como Judica-Cordiglia, en que había al menos cincuenta espinas torturando la cabeza del Nazareno si se tiene en cuenta que ciertas regiones no dejaron huella en la Sábana Santa por la propia mecánica de superposición de la mortaja y por la densa cabellera.

Sebastiano Rodante llevó a cabo un revelador experimento en el laboratorio con la reproducción exacta de un cráneo humano al que recubrió con una masa blanda y fláccida, parecida a la plastilina, de unos cinco centímetros de espesor para simular las partes más sensibles y expuestas de la cabeza. Acto seguido confeccionó él mismo una corona con ramas de espino mediterráneas brotadas en los áridos campos de Siracusa, las cuales entrelazó hasta encasquetar finalmente el bonete sobre la calavera.

Fiel al relato evangélico, Rodante golpeó varias veces el cráneo, como hicieron en su día los soldados con la caña que, entre burlas, pusieron en las manos de Jesús, y pudo comprobar boquiabierto que los efectos producidos por los impactos eran exactamente iguales que los detectados en la Sábana

Santa. Es decir, que las espinas desgarraron el revestimiento de plastilina en trece puntos concretos en la parte frontal y en una veintena en la parte occipital. Verlo para creerlo. El doctor había hecho «hablar» así a la calavera.

Entre tanto, el profesor José de Palacios y Carvajal, antiguo presidente de la Sociedad Española de Cirugía Ortopédica y Traumatología, miembro de la Academia de Medicina de Francia y autor de *La Sábana Santa. Estudio de un cirujano,* uno de los mejores y más completos trabajos jamás publicados sobre la Síndone de Turín, llama la atención sobre el papel desempeñado por la corona de espinas en el deterioro del estado general de Jesús:

> La hemorragia en la cabeza —explica el cirujano— a buen seguro colaboró en la hipovolemia, es decir, que fue otro factor nada despreciable de la instauración permanente de la acidosis metabólica y la insuficiencia renal que ya estaban en marcha en el cuerpo de Jesucristo [tras la flagelación].

Tampoco el ingeniero y sindonólogo Julio Marvizón Preney, uno de los mayores expertos españoles en la Síndone, ha pasado por alto el inhumano tormento del casquete de espinas:

> No pretendo ser cruento —advierte—, pero en esa zona de la cabeza, llena de terminaciones nerviosas y con gran cantidad de vasos sanguíneos, el dolor producido por la corona, llevada en la cruz y, por lo tanto, clavándose en cada movi-

miento, sería insoportable. Parece probable que la planta que se empleó en la confección de la corona sea la conocida como «espina de Cristo», muy común en Palestina y que ha llegado a nuestros días con ese nombre.

Tres especies de plantas

El sacerdote jesuita Jorge Loring, estudioso de la Sábana Santa durante más de treinta años de su vida, advierte que la sangre brotada de la corona de espinas «empapó los cabellos y los apelmazó» a ambos lados del rostro.

Las señales de sangre en la frente coinciden con venas y arterias importantes, como ya demostró el doctor Sebastiano Rodante en el Congreso de Turín de 1978. Este profesor superpuso entonces una diapositiva del rostro de la Sábana Santa a otra con las arterias y venas de la frente, y el sorprendente resultado provocó estupefacción entre los congresistas.

Loring se detiene también en treinta y tres de las heridas causadas en la cabeza por las espinas, trece de las cuales se sitúan sobre la frente y las veinte restantes sobre la región occipital.

En relación con la planta utilizada para tejer la corona, el sacerdote jesuita se inclina por la especie rosácea *Poterium spinosum* (Linneo), tras el análisis exhaustivo de los restos de polen hallados en la Síndone de Turín. El mismo tipo de planta que baraja también el doctor José de Palacios y Carvajal. Se trata de una planta cuya corteza de las raíces se emplea hoy en la preparación de cocciones contra la diabetes y para disolver cálculos renales, además de recurrirse tradicionalmente a ella como tranquilizante.

El doctor Palacios apunta como probables otras dos especies de plantas utilizadas por los soldados para confeccionar el casquete con espinas largas y anchas de punta muy afilada. Recordemos, en este sentido, que Catalina Emmerick asegura en su visión que «las espinas eran de tres clases». Es decir, que tal vez fueran, además de la *Poterium spinosum* (Linneo); la ramnácea *Zizyphus spina Christi (L.),* que guarda un asombroso parecido con las coronas de espinas representadas en las pinturas de Cristo desde hace siglos, y la hierba rodante *Gundelia tournefortii.* Las tres muy corrientes en la región de Palestina.

Primeros testimonios

Muchos, demasiados incluso entre los propios cristianos, ignoran todavía hoy que algunos viernes, sin faltar jamás el de Cuaresma, y a la misma hora en que murió Jesús —las tres de la tarde—, se venera en público una reliquia de la corona de espinas en la Catedral de Notre Dame, en París.

¿Cómo llegó hasta allí una de las reliquias más importantes de toda la Cristiandad? Esta vez no la trajo Elena de Constantinopla a Europa desde Jerusalén, a diferencia de la Vera Cruz o de los tres clavos con que fue crucificado Jesús, como veremos en sucesivos capítulos. Existen, eso sí, testimonios a partir del siglo V que confirman su veneración en la Iglesia de los Apóstoles del monte Sión de Jerusalén, tal y como refiere el obispo y futuro santo Paulino de Nola tras peregrinar allí en el año 409; o san Gregorio de Tours, quien asegura haberla contemplado con sus propios ojos en la Ciudad Santa en el año 593.

En un excelente artículo publicado en su blog *Reliquiosamente,* la investigadora Nicoletta de Matthaeis recuerda que la corona de espinas se trasladó en el siglo XI a Constantinopla, donde se custodió con sumo celo en la Capilla de Nuestra Señora del Faro, en el interior del palacio Bukoleon.

Sabemos también que la reliquia estuvo en manos del emperador bizantino Manuel I Comneno, que reinó entre 1143 y 1180, el cual se la mostró en 1171 al rey de Jerusalén Amalarico I, según el testimonio de Guillermo de Tiro, obispo de esta última ciudad e historiador de las cruzadas y de la Edad Media.

De Matthaeis cita también al cronista de la IV Cruzada, Roberto de Clari, gracias al cual existe hoy constancia de que la corona de espinas se encontraba en el Palacio Real bizantino cuando irrumpieron en él los cruzados. Este caballero e historiador medieval francés describe con indudable encanto y fascinación los tesoros del palacio y en especial los de la capilla donde se veneraban las reliquias:

> Dos fragmentos de la Vera Cruz —escribe Roberto de Clari—, grandes como la pierna de un hombre [...]. Después, la lanza de hierro con la que abrieron el costado a Nuestro Señor, y los dos clavos con los que atravesaron sus manos y sus pies. En una ampolla de cristal había gran parte de su sangre. Y luego se halló la túnica con la que estaba

> vestido y que le había sido arrancada cuando se le condujo al Calvario. Más tarde se encontró la Sagrada Corona que le colocaron en la cabeza y que constaba de espinas de caña, puntiagudas como cuchillos [...].

El alto precio de la corona

La llegada de la corona de espinas a París es una larga historia que se remonta a la época del rey san Luis IX de Francia (1214-1270), hijo de Luis VIII y de Blanca de Castilla, quien accedió al trono al morir su padre, en 1226. Dada su corta edad, la regencia recayó al principio en la reina madre, en cuyas manos dejó Luis la gobernación del reino hasta que cumplió veintidós años.

Como digno miembro de la dinastía de los Capetos, una de las más renombradas de Europa, san Luis de Francia se propuso levantar un imperio sobre sus arraigadas creencias cristianas, influido sin duda por su religiosa madre. Luis IX era tan devoto de san Francisco de Asís, que acabó convertido en terciario franciscano. El término «Capeto», bajo el cual se encuadraba él, comprendía a todos los descendientes del tronco del linaje, Hugo Capeto, elegido rey por los grandes del reino de Francia el 1 de junio del año 987.

Gracias a este monarca declarado santo por el papa Bonifacio VIII en 1299, que además era un consumado coleccionista de reliquias, se conserva hoy la banda de la corona de espinas que ciñó la cabeza de Jesús en un relicario circular custodiado en la Catedral de Notre Dame, una de las joyas arquitectónicas del gótico que tardó más de ciento ochenta años en construirse.

¿Y cómo fue a parar a sus regias manos semejante tesoro? La situación desesperada del último emperador latino de Constantinopla, Balduino II de Courtenay (1217-1273), resultó decisiva para el futuro de la codiciada reliquia. La capital bizantina fue invadida por griegos y búlgaros, y en 1237, cuando Balduino II asumió el gobierno de su imperio a la temprana edad de veinte años, estaba ya asfixiado por las deudas. No tuvo reparo en pedir dinero en las cortes europeas y con tal propósito visitó Roma, Flandes y Francia para intentar recuperar con ayuda de esos fondos el vasto territorio conquistado por las tropas enemigas búlgaras y griegas.

Pero Balduino no tuvo más remedio que aceptar al final la irresistible oferta de ciento treinta y cinco mil libras de oro que le hizo Luis IX —cantidad equivalente a la mitad de los gastos anuales de su reino— a cambio de la corona de espinas, una de las contadas reliquias que habían logrado sobrevivir al implacable saqueo de los cruzados en 1204. Algo que no sucedió, por ejemplo, con los célebres cuatro caballos de bronce, del siglo V, que adornan hoy la fachada de la Catedral de San Marcos, en Venecia.

La llegada de la santa reliquia a París no resultó en modo alguno sencilla pues Balduino II, acuciado por las deudas, debió de aportar al banquero veneciano Nicolo Querino la corona de espinas como garantía de cuantiosos préstamos. Y el hecho de que una reliquia tan valiosa hubiese estado en poder de un banquero veneciano provocó la natural desconfianza de Luis IX de Francia, quien quiso cerciorarse de su autenticidad antes de cerrar su acuerdo con Balduino II. Con esa misión envió a dos expertos dominicos, quienes, tras examinar la corona minuciosamente, comprobaron que no había sido sustituida por una réplica falsa.

Fue así como el casco de púas que hirió la cabeza de Jesús se recibió entre vítores y alabanzas el 18 de agosto de 1239 en París, durante una ceremonia celebrada en plena calle y presidida por el propio monarca, acompañado de su hermano Robert d'Artois. Ambos portaron el relicario de oro que contenía la corona por las calles de la capital del Sena, caminando descalzos y ataviados cada uno con una túnica de lino. Debió de resultar en verdad conmovedor contemplar a la multitud de personas hincarse de rodillas al paso de la reliquia sobre el pavimento empedrado y santiguarse con inusitado fervor ante ella.

Aquel mismo día, declarado festivo en toda Francia, la reliquia quedó alojada en la Capilla Real de San Nicolás, a donde acudieron en días sucesivos peregrinos de numerosos países europeos para venerarla. Muy pronto, san Luis IX de Francia pensó en construir otra capilla más grande para acoger a los incontables fieles que acudían allí desde cualquier lugar por lejos que se encontrase.

La Sainte-Chapelle

Luis IX mandó construir, en efecto, la Sainte-Chapelle, un auténtico prodigio arquitectónico de estilo gótico consumado en un plazo de tiempo llamativamente breve: los seis años transcurridos entre 1242 y 1248. En este último año se consagró el templo en el patio del Palacio Real de los Capetos, en la Île de la Cité de París.

Encomendada al arquitecto Pierre de Montreuil, la Sainte-Chapelle consta, en realidad, de dos estructuras diferentes: la capilla baja, a modo de cripta, de seis metros y medio de altura y, sobre ella, la capilla alta, un espacio insólito que parece desafiar las más elementales reglas de la arquitectura. No en vano, sus paredes de veinte metros de altura han sido sustituidas por bellísimas vidrieras a través de las cuales resplandecen los rayos del sol.

Lo más característico de la Sainte-Chapelle, cuyo coste se elevó a cuarenta mil libras de oro, son sin duda sus vidrieras. Todas las estructuras del edificio se han organizado en función de estos amplios ventanales. Hay cuatro de ellos en cada pared lateral, siete más estrechos en el ábside, y el gran rosetón occidental de estilo arquitectónico diferente, dado que se construyó siglo y medio después. En total, existen pues dieciséis ventanales, contando el rosetón, con una superficie total de setecientos cincuenta metros cuadrados donde se representan más de un millar de escenas bíblicas, la mayoría de ellas del siglo XIII.

En el año de su consagración, además de albergar la corona de espinas, la Sainte-Chapelle acogió otra veintena de reliquias traídas desde Constantinopla y guardadas en un gran relicario giratorio en el centro de la capilla superior, cuyo coste se elevó a cien mil libras de oro.

El relicario constituía el verdadero corazón del monumento y la razón de su misma existencia. El baldaquino que servía de soporte al arca de las reliquias fue destruido durante la Revolución francesa y el que hoy ocupa su lugar es una réplica fiel del original realizada en el siglo XIX.

Los dos portalones de entrada a sendas capillas sufrieron también graves desperfectos durante la Revolución que asoló a Francia y las esculturas que hoy pueden contemplarse son obra de los restauradores del siglo XIX. En cambio, sí se ha conservado parte de una colección de estatuas de gran valor artístico: la serie de los doce apóstoles situados en la base de las columnas.

Convertida la capilla en molino de harina, los revolucionarios franceses fundieron los relicarios de oro custodiados en su interior, aunque sí pudo salvarse la corona de espinas que hoy se venera en la Catedral de Notre Dame, y no en la capilla reconstruida a partir de 1853 e integrada ahora en el Palacio de Justicia.

El anillo del ajusticiado

La Revolución francesa causó, como ya se sabe, grandes estragos en todos los órdenes y en especial en el artístico y religioso por el feroz anticlericalismo de los *sans-culottes*. Sin ir más lejos, la corona que ciñó la cabeza de Jesús, aunque logró salvarse de milagro, perdió gran parte de sus espinas, algunas de las cuales ya se habían extraviado durante los sucesivos traslados de la reliquia de un lugar a otro. Fundido el relicario giratorio por los revolucionarios, se construyó otro en su lugar que hoy permanece bajo la custodia de los Caballeros del Santo Sepulcro.

Por si fuera poco, además de las espinas perdidas como consecuencia de la Revolución francesa y de los numerosos traslados, los emperadores de Bizancio obsequiaron a papas y monarcas con algunas otras, como las ocho regaladas por la emperatriz Irene Sarantapechaina a Carlomagno.

León IV había accedido al trono en el año 775, pero murió solo cinco años después, dejando a Irene como regente en nombre de su hijo Constantino, aún menor de edad. En medio de un clima favorable a la iconoclasia, es decir, a la destrucción de imágenes religiosas por considerarlas una forma de idolatría, la emperatriz Irene emprendió el camino contrario. En el año 787 convocó el Segundo Concilio de Nicea, que legalizó la veneración de símbolos religiosos y reconcilió temporalmente a la Iglesia bizantina con la romana, divididas a raíz de esta delicada cuestión. Fue así como ella regaló finalmente a Carlomagno las ocho espinas de la corona de Cristo.

Por lo tanto, el casco de púas que llegó a París estaba incompleto y, para colmo, Luis IX distribuyó las espinas que aún quedaban, alrededor de sesenta, entre algunas iglesias de Francia, como la de Reims, Saint-Denis, Toulouse y Burdeos; además de donar otras a templos italianos en Roma, Pisa y Vicenza.

El espinoso asunto de las espinas, valga la redundancia, fue puesto al descubierto por el arquitecto francés Charles Rohault de Fleury en 1870, tras localizar nada menos que ciento treinta y nueve espinas veneradas en iglesias de toda Europa, cuando la corona contenía alrededor de sesenta. Señal inequívoca de que la mayoría de ellas eran falsas, a no ser que algunas hubiesen estado en contacto con las auténticas y por esa razón se las considerase como reliquias de tercer grado. Fleury tuvo oportunidad de examinar la reliquia y algunas ramas de zarza conservadas en Tréveris y Pisa, concluyendo que la corona de espinas no era tal y como se había representado en la iconografía cristiana, sino que se trataba en realidad de un casquete que cubría toda la cabeza, a modo de cofia.

En definitiva: ¿qué se conserva hoy exactamente de la legendaria corona de espinas en la Catedral de Notre Dame de París? Ni más ni menos que el anillo o aro de veintiún centímetros de diámetro que encajaba en la cabeza del ajusticiado, intacto y formado por un conjunto de juncos entrelazados que los expertos en botánica han identificado como de la especie *Juncus balticus* que crece en la parte oriental de la cuenca mediterránea. Los autores polacos Crzegorz Górny y Janusz Rosikon lo describen muy bien en su obra *Testigos del misterio:* «Era un gorro, hecho con un arbusto espinoso, que cubría toda la cabeza. Su estructura se apoya en un aro de ramillas trenzadas, al que se agarraban otras ramas espinosas, unidas entre sí con cuerda».

En relación con los tipos de espinas de la corona de Cristo repartidas por diversas iglesias de Europa, los botánicos han distinguido, como ya hemos visto, tres especies distintas, cuyo número coincide con el proporcionado en su día por Catalina Emmerick en su visión de la coronación y con la hipótesis manejada por el eminente doctor Palacios y Carvajal.

De las tres especies detectadas por los botánicos tras los oportunos análisis, dos han sido ya mencionadas por el profesor Palacios: el arbusto *Zizyphus spina Christi,* que brota en los alrededores de Jerusalén y llega a medir siete metros de altura, con espinas de cinco centímetros de largo, y el cardo *Gundelia tournefortii,* originario de las zonas desérticas de Oriente, incluida, naturalmente, Palestina. La tercera y última especie es el *Rhamnus lycioides* o espino negro, un arbusto de tres metros de alto que crece sobre todo en la cuenca mediterránea.

Arde Notre Dame

El 15 de abril de 2019 fue un día aciago para una de las más exquisitas joyas del arte gótico universal. Aquella tarde se declaró un terrible incendio en la Catedral de Notre Dame de París que debieron sofocar desesperadamente los bomberos, como hizo también en su día el *pompieri* italiano Mario Trematore en Turín para salvar la Sábana Santa de las llamas, como veremos en otro capítulo.

Los franceses y el resto de ciudadanos del mundo temieron perder la estructura de la catedral y los numerosos tesoros alojados en su interior; entre ellos, precisamente, la corona de espinas. De hecho, el primer balance de los daños fue ya desalentador: la aguja de Eugène Viollet-le-Duc, alzada a noventa y tres metros de altura sobre el pavimento, y el campanario situado en la parte posterior de la nave desaparecieron tan solo una hora después de declararse el incendio. El fuego a punto estuvo de devorar también el gallo de cobre repujado que remataba el pináculo.

Tampoco el armazón de la cubierta, del siglo XIII, conocido como *la fôret* (el bosque) por las toneladas de troncos de roble que se requirieron para construirlo, corrió mejor suerte. Lo mismo que los rosetones más pequeños, situados al mismo nivel de la cubierta calcinada. El fuego afectó de igual modo a la bóveda del edificio y a la parte del transepto o nave transversal que forma el brazo más corto en la planta de cruz latina del templo.

Pero, providencialmente, las llamas no alcanzaron a los trece óleos de los siglos XVI y XVII, conocidos como *Mays,* expuestos en las paredes de la nave, el coro y las capillas, obra de renombrados artistas de la época como Charles Le Brun o Jacques Blanchard. Como providencial resultó también que las dieciséis estatuas situadas en la base de la aguja en 1860 se hubiesen desmontado cuatro días antes del incendio para restaurarse.

La gran incertidumbre y preocupación por el futuro de una de las más importantes reliquias de toda la Cristiandad se disipó finalmente cuando el rector-arcipreste de Notre Dame, Patrick Chauvet, anunció que el relicario y la corona de espinas se encontraban ya a salvo. La otra joya rescatada era la túnica de san Luis, un jubón que habría pertenecido al rey Luis IX, el último monarca europeo embarcado en una cruzada para recuperar Jerusalén.

8
El «Esqueleto 4926»

Habíamos visto ya evidencias de mutilaciones
ante o *postmortem,* pero nunca una crucifixión.

Kasia Gdaniec, arqueóloga

Nadie conoce hoy su nombre auténtico. Ni tan siquiera los arqueólogos que lo hallaron en noviembre de 2017 sepultado entre otros cuarenta y cuatro cuerpos, cinco de los cuales eran de niños. Decidieron llamarle «Esqueleto 4926», como se hubiera hecho con cualquier forzado en un campo de concentración o en una cárcel de máxima seguridad. Bastó con un simple número para identificar a ese cuerpo anónimo rescatado de las profundidades de la tierra en la localidad británica de Fenstanton, en el condado de Cambridgeshire, a unos ciento veinte kilómetros al norte de Londres.

Cuando el equipo de arqueólogos de la Universidad de Cambridge y del centro de estudios Albion Archaeology excavaba en una parcela en la que había una antigua planta embotelladora de leche destinada a formar parte de un moderno complejo residencial, se topó con cinco pequeños cementerios romanos, cuyas tumbas databan sobre todo del siglo IV.

«¿Camposantos romanos en el Reino Unido?», se preguntaron, escépticos, los miembros de la expedición. Pero no tardaron en reparar en que Britania fue una antigua provincia de Roma extendida por el centro y el sur de la actual isla de Gran Bretaña, que abarcaba los dos tercios de la superficie entre los siglos I y IV de nuestra era. Y en el caso de Fenstanton, se hallaba además en la ruta de la Via Devana, que unía las ciudades romanas de Cambridge y Godmanchester. De modo que los arqueólogos concluyeron que el yacimiento, de unas seis hectáreas de extensión, formaba parte de un próspero asentamiento. La arqueóloga Kasia Gdaniec, del Consejo del condado de Cambridgeshire, señalaba en este sentido: «Estos cementerios y asentamientos que se establecieron por el camino romano, que atravesaban Fenstanton, han proporcionado nuevas y muy valiosas pistas para la investigación arqueológica».

Removiendo con sumo cuidado los restos en aquel improvisado quirófano subterráneo, como si interviniesen a un paciente anestesiado a corazón abierto, separaron los restos de cada uno de los cuarenta y cinco cuerpos hasta quedarse asombrados con el que bautizaron luego como «Esqueleto 4926».

En el laboratorio

¿Qué tenía de especial aquel cuerpo tendido boca arriba en su tumba, como los demás, aparte de los indicios palmarios de mala salud, desnutrición, enfermedades dentales, fracturas de huesos y hasta malaria? Lo primero que llamó poderosamente la atención de los arqueólogos rodeados de microscopios, pipetas y destiladores, una vez que lavaron todos y cada uno de los vestigios humanos mezclados con las diversas capas de tierra, fue que aquel individuo desconocido hubiese permanecido enterrado durante diecisiete siglos con el fragmento de un clavo de hierro de cinco centímetros de largo, remachado de forma horizontal en el calcáneo de su talón derecho.

El análisis dental sugirió luego que aquel hombre tenía entre veinticinco y treinta y cinco años de edad, y que medía alrededor de un metro setenta de estatura. Las técnicas de datación por radiocarbono indicaron que debió de fallecer entre los años 130 y 360.

Advirtamos que, durante casi setenta años, los arqueólogos han medido los niveles de Carbono 14 para datar lugares y materiales. Transcurrido el tiempo, el Carbono 14 se desintegra de forma predecible. Con ayuda de la datación por radiocarbono, los investigadores pueden utilizar esa misma desintegración como una especie de reloj que les permite asomarse al pasado y determinar las fechas de muchos objetos, como la madera, los alimentos, el polen, las heces e incluso los restos mortales de animales y humanos.

El método tiene, eso sí, sus propias limitaciones, dado que las muestras pueden estar contaminadas por otros materiales que contienen carbono, como la misma tierra que sirve de lecho durante siglos a los huesos de un cuerpo humano en este caso.

Curiosamente, aquel esqueleto fue inhumado junto con una docena de clavos de hierro, como el que atravesaba el talón de un extremo a otro, y una estructura de madera que pudo hacer las veces de féretro cuando tendieron su cuerpo exánime sobre el tablón desnudo.

Los restos hablaban por sí solos sobre el tremendo castigo infligido a aquel joven antes de su despiadada muerte. Las señales traumáticas aparecían repartidas por casi todos los huesos del esqueleto. Las piernas debieron de inflamarse a causa de los golpes recibidos e infectarse luego. Las espinillas eran demasiado delgadas, en señal de las ataduras o cadenas que tuvieron que comprimir los tobillos durante días, meses e incluso años enteros antes de someter al infeliz a la pena capital. Pero lo que más estremeció a los arqueólogos en el laboratorio fue, sin duda, aquel maldito clavo oxidado que tras tiempo inmemorial atravesaba todavía su talón de Aquiles, como cualquier otro apéndice del esqueleto.

Mientras lo examinaban boquiabiertos, como si no diesen crédito a que la prueba del horror siguiese allí casi intacta al cabo de tantos siglos, repararon en la existencia de una hendidura más pequeña junto al orificio principal que taladraba el hueso calcáneo. Aquel hombre infausto, probablemente un esclavo o un vulgar criminal, había muerto crucificado, como Jesús. Mientras lo extendían en la cruz, el verdugo no logró atravesar el pie al primer intento y debió de extraer el clavo para percutirlo de nuevo con su maza en otro punto situado un poco más arriba y taladrar, entonces ya sí, el talón para fijarlo al madero.

La osteoarqueología, también llamada bioarqueología, es una especialidad de la antropología física que analiza los restos óseos hallados en los yacimientos arqueológicos. Corinne

Duhig, osteoarqueóloga de la Universidad de Cambridge, estaba pletórica tras el inesperado descubrimiento del «Esqueleto 4926» y aseguró que constituía la prueba irrefutable de que aquel hombre había muerto crucificado. Duhig destacó también que el vestigio era «el mejor conservado» de una crucifixión de la era romana en cualquier país del mundo y el primero exhumado en la historia de Gran Bretaña. Su compañera Kasia Gdaniec manifestó, por su parte, conmocionada también por el inopinado hallazgo: «Las prácticas funerarias son muchas y variadas durante el período romano. Habíamos visto ya algunas evidencias de mutilaciones ante o *postmortem,* pero nunca antes una crucifixión».

Los detalles del sensacional descubrimiento se publicaron en un artículo de la revista *British Archaeology,* firmado por el director de la excavación, David Ingham, del Albion Archaeology, y por la propia doctora Duhig. Se trataba así del «único caso de crucifixión conocido en las Islas Británicas y del cuarto del que se tiene constancia en el mundo entero», señalaron ambos.

Pese a que la crucifixión era frecuente en la antigua Roma, su evidencia osteológica sigue siendo hoy muy rara, pues no siempre se empleaban clavos para colgar de la cruz al condenado, a quien solía amarrarse con cuerdas al travesaño de la cruz. Y, desde luego, la inmensa mayoría de los crucificados no recibía una sepultura normal, como la de cualquier otro difunto, sino que su cuerpo era a veces devorado por las alimañas del campo o se desintegraba mezclándose con la tierra misma. Muchas otras veces, se dejaba a los condenados que se pudriesen en la cruz.

Mientras que a los ciudadanos romanos y a los aristócratas se les reservaban tumbas de cámara excavadas en la roca con arquetas-osario, a los siervos y delincuentes fallecidos de muerte natural se les inhumaba directamente en fosas horadadas en la tierra, razón por la cual la localización del «Esqueleto 4926» puede considerarse hoy uno de los grandes milagros de la arqueología moderna. Máxime, si se tiene en cuenta que cuando se empleaban clavos, en lugar de ligaduras, era normal extraerlos para reutilizarlos en otra crucifixión o simplemente desecharlos. Corinne Duhig se congratulaba también por el insólito estado en que hallaron los restos del crucificado:

> La afortunada combinación —aseguraba la osteoarqueóloga— entre la buena conservación de los restos y el clavo que permaneció en el hueso me ha permitido examinar este ejemplo casi único cuando se han perdido tantos miles de ellos. Esto demuestra que los habitantes de este pequeño asentamiento romano en el borde del imperio no pudieron evitar el castigo más bárbaro y cruel de toda Roma.

Duhig se lamentaba, con razón, por la pérdida de tantos rastros de crucificados a lo largo de la historia como si, nunca mejor dicho, se los hubiese fagocitado la tierra. No en vano, Flavio Josefo refiere la existencia de miles de personas crucificadas por los romanos solo en los alrededores de Jerusalén en el siglo primero de nuestra era. Josefo alude, en concreto, a los dos mil crucificados a la muerte de Herodes el Grande, en el año 4, y a otros quinientos desgraciados más que perecieron del mismo modo cada día tras la destrucción del templo, en el año 70.

Una de las principales autoridades del mundo hoy en el peliagudo tema de la crucifixión, el profesor John Granger Cook, de LaGrange College de Georgia (Estados Unidos), autor del estudio tal vez más detallado del planeta sobre esta práctica, titulado en inglés *Crucifixion in the Mediterranean World (La crucifixión en el mundo mediterráneo)* estima que entre el año 220 antes de Cristo y la virtual abolición de la pena capital en el año 337, el número de infelices crucificados en los territorios controlados por los romanos osciló entre cien mil y ciento cincuenta mil. Esto significa que poco menos de doscientas personas perecieron crucificadas cada año en regiones y ciudades donde los romanos gobernaban la vida de más de setenta millones de personas.

De semejante escabechina tan solo se conservan hoy los restos de dos de aquellos infortunados. El «Esqueleto 4926» se suma así a otro relevante hallazgo mundial sobre una crucifixión llevado a cabo en Giv'at ha-Mivtar, al nordeste de Jerusalén, cuya víctima de nombre Yehohanan ben Hagkol (Juan, hijo de Ezequiel), localizada en junio de 1968, puede considerarse casi como el hermano gemelo del innombrado sujeto descubierto en Gran Bretaña.

El ritual de la crucifixión

¿Cómo se crucificaba en la antigua Roma? Sin ser arqueóloga, sino vidente, la beata Ana Catalina Emmerick describe con sorprendente detalle la crucifixión de Jesús en *La amarga Pasión de Cristo*. Hubo ocasión de comprobar ya cómo su versión de la casa de María de Nazaret, en Éfeso, sirvió a los arqueólogos años después para localizarla como si hubiesen llevado consigo un mapa dibujado de puño y letra por la propia religiosa postrada en su cama.

La reconstrucción de la crucifixión de Jesús efectuada por Emmerick no puede considerarse ni mucho menos un documento científico, pero sí resulta al menos verosímil en alguna de sus partes y, en cualquier caso, puede arrojar algo de luz sobre el luctuoso episodio descrito sin tanto detalle en los Evangelios sinópticos.

Asegura Emmerick que los taladros eran de hierro y de gran tamaño, en forma de «T» mayúscula. Los clavos eran tan largos que su solo aspecto nada más verlo «estremeció a Jesús», afirma ella. Y añade que, si se agarraban en un puño, «sobresalían una pulgada» por arriba y otra por abajo. Es decir, que asomaban alrededor de dos centímetros y medio por cada lado, y cinco centímetros en total.

> Por arriba —explica Emmerick— [los clavos] terminaban en una cabeza achatada del tamaño de un dólar, que llenaba la mano. Eran triangulares, por arriba tan gruesos como un pulgar de buen tamaño, y por abajo como el meñique y luego afilados en punta. Una vez clavados, vi que la punta sobresalía un poco por la parte trasera de la cruz.

Los verdugos clavaron primero al tablero la muñeca derecha de Jesús. Pero luego, al comprobar que la izquierda atada a la cruz no llegaba a la altura del agujero taladrado cinco centímetros más allá, amarraron unas cuerdas a ese mismo brazo y tiraron de ellas con inusitada violencia, apoyando para ello los pies contra la cruz tendida en el suelo hasta que la muñeca alcanzó por fin el orificio.

Acto seguido, según Emmerick, los verdugos se arrodillaron sobre su brazo y su pecho, le ataron el brazo con firmeza y martillaron el segundo clavo en la muñeca izquierda de Jesús con un mazo de hierro similar al que emplea hoy el ebanista para golpear las gubias.

Con los brazos extendidos horizontalmente sobre el travesaño, clavaron a un tercio de altura de la cruz, a contar desde abajo, un tarugo de madera para taladrar en él los pies de Jesús de modo que estuviese más de pie que colgado y se evitara así el desgarro de las manos y la fractura de los pies. En la misma cuña hicieron también un pequeño hoyo para los talones y se cuidaron de efectuar algunos rebajes a lo largo de la cruz para impedir cualquier rasgadura en los miembros a causa de los casi ochenta kilos que debía de pesar Jesús.

Clavar los pies, como manifiesta Emmerick, fue lo más cruel y doloroso de toda la Pasión. Ataron primero el pie izquierdo encima del derecho y lo taladraron por arriba, en el empeine. Para clavarlo emplearon un taladro en forma de tachuela, más fino y de cabeza más plana que los de las manos. «Era como una boquilla con una lezna», asegura ella. Hasta tal punto alcanza la riqueza de matices de Emmerick.

A continuación, agarraron el clavo más largo y temible de todos y lo empujaron a mazazo limpio con ímprobos esfuerzos por la herida en el empeine del pie izquierdo y luego a través del derecho, hasta alcanzar el agujero del tarugo para introducirlo finalmente en el tronco de la cruz. Emmerick contó los treinta y seis martillazos que hubo que dar para clavar los pies, uno sobre otro.

Entre tanto, el jefe de la guardia romana hizo clavar el letrero que había escrito Pilato en la estaca dispuesta en el cabecero de la cruz. Los fariseos se molestaron mucho, asevera Emmerick, porque los romanos se mofaban y carcajeaban a mandíbula batiente del título de «Rey de los judíos», y algunos llegaron incluso a dirigirse en sus cabalgaduras hasta la prefectura para pedirle a Pilato que les entregase otra inscripción más digna.

Mientras, un grupo de operarios seguía trabajando con cincel en el agujero situado en la prominencia del terreno donde debía de hincarse la cruz, pues aquel era excesivamente pequeño y la roca demasiado resistente. Una vez que tuvieron todo listo, tiraron de la parte superior de la cruz con ayuda de unas cuerdas sujetas a varias argollas hasta subirla a la prominencia del terreno. Mientras numerosos soldados impulsaban con fuerza las ligaduras para izar la cruz, otros empujaban el pie del tronco con palos y enganches para hacerlo encajar en el agujero horadado en el suelo. Dejemos a Emmerick que prosiga con su clarividente visión, a modo de privilegiada testigo en el corazón sangrante del Gólgota:

> A continuación —relata ella—, los sayones sacudieron enérgicamente la cruz y metieron a golpes cinco cuñas en torno al agujero: una delante, una detrás, una a la izquierda y dos en la parte trasera y algo curva de la cruz. Fue una impresión terrible y a la vez conmovedora ver alzarse la cruz tambaleante y luego hincarse de aquel modo estremecedor [...].

> Tras el violento choque de la cruz al izarse, la cabeza de Jesús, cargada con la corona de espinas, se agitó violentamente y manó abundantes torrentes de sangre.

Las crucifixiones ordinarias se efectuaban sobre la llamada *crux humilis,* de dos metros de altura. Y como advierte el sacerdote jesuita Jorge Loring, «no existen razones para pensar que esta no fuera la usada para Jesús».

En casos concretos se empleaba una cruz más alta, la *crux sublimis,* que permitía al público observar la ejecución sin perder detalle de la misma, como si de un espectáculo circense se tratase. En el caso de Jesús, dado que la cruz se plantó en la pequeña colina del Gólgota, no se requería este tipo de cruz más elevada. La propia altitud del lugar no hacía pues necesario que la cruz fuese más alta para que todo el mundo pudiese presenciar el suplicio.

Pero el hecho de que Jesús pronunciase desde la cruz las palabras «Tengo sed» y que poco después uno de los legionarios recurriese a una caña para acercarle una esponja mojada a los labios, sugiere la posibilidad de que se tratase al final de la *crux sublimis*.

Por otro lado, cuando se llegaba al lugar de la crucifixión, el *patibulum* o madero horizontal que había cargado el reo se levantaba sobre el palo vertical. Si el *patibulum* se fijaba al final del palo vertical, se obtenía la *crux commissa,* en forma de «T» mayúscula. Pero si el *patibulum* se fijaba antes del final del madero vertical, se trataba entonces de la *crux immissa* o cruz latina, preferida en la iconografía cristiana para dejar espacio al *titulus.*

YEHOHANAN EN EL OSARIO

Al contrario que a Jesús, a los dos ladrones crucificados junto a él, uno a su derecha y otro a su izquierda, les retorcieron los brazos encima del travesaño y envolvieron con cuerdas sus muñecas y codos, igual que las rodillas y los tobillos. Este modo de crucifixión recuerda en parte al de Yehohanan ben Hagkol (Juan, hijo de Ezequiel), cuyos restos, como ya sabemos, se hallaron hace cincuenta y cinco años al nordeste de Jerusalén.

Fue entonces el arqueólogo Vassilios Tzaferis, de la Autoridad de Antigüedades de Israel, quien se topó por casualidad con el interior de un sepulcro excavado en la roca durante el siglo primero con cinco osarios, en uno de los cuales se encontraban los restos óseos de dos hombres y un niño. Uno de los adultos resultó ser Yehohanan, a quien un arqueólogo de la dilatada experiencia de Tzaferis supo examinar luego en el laboratorio con la paciencia y meticulosidad propias de un entomólogo.

Pocos arqueólogos bíblicos como Vassilios Tzaferis, de origen greco-israelí, estaban tan familiarizados con la figura del Jesús histórico. Obtuvo, de hecho, el doctorado en arqueología clásica en la Universidad Hebrea con su tesis «El desarrollo de la cruz como símbolo cristiano». Y excavó en varios lugares de Jerusalén, como Ascalón, Beth She'an, Cesarea de Filipo, Cafarnaúm, Kursi y Tel Dan.

Pero el hallazgo de Yehohanan, la única evidencia física de la práctica de la crucifixión romana conocida hasta entonces, le catapultó finalmente hasta la Dirección de Estudios y

Excavaciones de la Autoridad de Antigüedades de Israel, convirtiéndole también en conservador del Museo Patriarcal de Jerusalén y en miembro del Consejo Arqueológico Supremo de Israel.

Aquel día de junio de 1968, cuando Vassilios levantó la tapa de uno de los cinco osarios donde se ocultaban los vestigios de Yehohanan, puede decirse que volvió a nacer como arqueólogo. Supo entonces, sin el menor atisbo de duda, que aquel desdichado individuo murió crucificado en parte, como los dos ladrones conducidos con Jesús hasta el Gólgota. No halló prueba alguna de trauma violento en el antebrazo ni en el metacarpo de la mano de Yehohanan, lo cual le convenció, finalmente, de que debió de ser amarrado con cuerdas a los brazos de la cruz, en lugar de ser clavado en ellos, como Jesús.

Su conclusión sirvió para zanjar de una vez la falsa leyenda arraigada en el imaginario popular, según la cual todos los crucificados en la historia de Roma habían sido clavados en la cruz, como Jesús, el único del que se tenía constancia hasta entonces.

Yehohanan, el nombre que figuraba en la pared lateral de la arqueta-osario, constituía, sin embargo, un caso único en la historia de los crucificados, junto con Jesús, por haber sido sepultado en la tumba de su familia, en lugar de pudrirse en la cruz o de ser devorado por animales depredadores y aves de rapiña. Era obvio que debió de pertenecer a una familia acaudalada, lo cual permitió conservar sus restos óseos al cabo de dos mil años en el interior de una arqueta-osario reservada a personas pudientes.

El talón perforado

Solo un rasgo decisivo diferenciaba a Yehohanan y al «Esqueleto 4926» de los dos ladrones, asemejándolos a Jesús: el maldito clavo de hierro que atravesaba aún sus respectivos talones a golpe inhumano de maza.

En el caso de Yehohanan, Vassilios Tzaferis examinó durante horas interminables, tras lavar a conciencia el contorno del singular fragmento, el hueso del talón derecho. Calculó que aquel joven debía de ser un veinteañero, con una estatura de un metro y sesenta y tres centímetros, a juzgar por el desarrollo de su esqueleto.

Pero Vassilios se estremeció sobre todo al comprobar que aquel hueso del talón derecho seguía estando perforado al cabo de dos mil años por un grueso clavo de unos once centímetros de largo, cuya cabeza seguía adherida, por increíble que resultase, a una pequeña tabla de madera de olivo. Se convenció entonces de que aquel desgraciado había muerto en la cruz, como Jesús, y se felicitó por haber encontrado al primer individuo de la historia del que existía la prueba fehaciente de su crucifixión.

Su minucioso y paciente análisis en el laboratorio en los días sucesivos, le reafirmó en que a Yehohanan debieron de separarle las piernas de par en par al colgarle en la cruz, sujetándoselas a ambos lados del palo vertical para remacharle la tablita en la parte exterior del talón. De este modo, fue incapaz de liberar el pie por la cabeza del clavo, por más que hubiese intentado desgarrárselo en una situación tan límite como la suya.

Vassilios comprobó también que el clavo estaba torcido y conjeturó que la dureza y solidez del madero debió de ser el causante de ello. Clavo, pie y madera de la cruz formaron así una sola pieza inseparable, hasta el punto de que fue necesario arrancar un fragmento de la cruz para que el pie, el clavo y la tablilla de madera permaneciesen unidos cuando Yehohanan fue desclavado del madero y sus restos fueron depositados en el osario donde Vassilios los encontró.

El arqueólogo no halló una sola prueba de que al crucificado le hubiesen quebrado las piernas, como sí hicieron con los dos ladrones que acompañaron a Jesús en su última agonía. Tampoco a Jesús se las rompieron, cumpliéndose así la profecía que consigna Juan en su Evangelio:

> Los judíos, como era el día de la Parasceve, para que no quedasen los cuerpos en la cruz el día de sábado, por ser día grande aquel sábado, rogaron a Pilato que les rompiesen las piernas y los quitasen. Vinieron, pues, los soldados y rompieron las piernas al primero y al otro que estaba crucificado con Él; pero llegando a Jesús, como le vieron ya muerto, no le rompieron las piernas, sino que uno de los soldados le atravesó con su lanza el costado, y al instante salió sangre y agua. El que lo vio da testimonio, y su testimonio es verdadero: él sabe que dice verdad para que vosotros creáis; porque esto sucedió para que se cumpliese la Escritura: «No romperéis ni uno de sus huesos». Y otra Escritura dice también: «Mirarán al que traspasaron» (Jn 19, 31-37).

A diferencia de los dos ladrones, ni a Yehohanan ni a Jesús les quebraron las piernas antes de bajarlos de la cruz.

Jesús, como indica Juan evangelista, ya había muerto para entonces. Pero Yehohanan seguía aún vivo y debió de sufrir una lenta y dolorosa agonía hasta expirar por asfixia, tras librarse de ese golpe contundente que aceleraba la muerte. Llegó un momento así en que los extenuados músculos de su diafragma le impidieron aspirar una sola bocanada más de oxígeno.

Historia del horror

La crucifixión es el mayor de los tormentos que cualquier ser humano pueda padecer. Con razón, la británica Louise Cilliers, investigadora del Departamento de Estudios Clásicos de la Universidad del Estado Libre (Sudáfrica), ha comentado a la cadena de televisión BBC: «De las tres formas más brutales de ejecutar a alguien en la Antigüedad, la crucifixión se consideraba la peor, seguida de la cremación y la decapitación».

El filósofo y orador romano Séneca aludía con desprecio y horror a la cruz como «el madero criminal»; el comediógrafo latino Plauto la calificaba de «terrorífica», y el mismo Cicerón aseguraba que la muerte en ella representaba «el más cruel y asqueroso de los suplicios». Séneca, en su epístola a Lucilio, considerado el creador de la sátira como género literario, la describía así: «Cuerpos vacíos, maltratados, ineficaces, desfigurados, deformes, perforados y jalando el aliento vital entre una larga agonía».

Luis Antequera es uno de los autores que mejor han investigado esta pena capital en su reciente obra *Crucifixión.*

Orígenes e historia del suplicio. Una indagación rigurosa que nos conduce de la mano por los horrores que el célebre historiador griego Herodoto cuantificó en más de tres mil personas mandadas crucificar por el rey persa Darío el Medo solo en la Babilonia conquistada por sus ejércitos.

Al contrario de lo que muchos todavía hoy creen, la crucifixión no fue, por tanto, un invento de Roma, sino probablemente de Persia, entre los siglos VI y VII antes de Cristo. A partir de Persia, esta diabólica forma de torturar y matar se extendió como una maldición bíblica por todo el Mediterráneo, desde la antigua Grecia a Cartago, hasta desembocar finalmente en el Imperio romano, donde se perfeccionó su técnica con mayor sadismo aún.

Alejandro Magno, por ejemplo, hizo crucificar a tres mil habitantes de Tiro tras asediar esta ciudad fenicia durante nueve meses consecutivos. Cuando el gladiador Espartaco y su grupo de esclavos cayeron derrotados en la Tercera Guerra Servil, en el año 73 antes de Cristo, los seis mil prisioneros fueron crucificados a intervalos a lo largo de la Via Apia, desde Roma hasta Capua, en señal de advertencia a quienes osasen desafiar la autoridad de sus amos. El político e historiador romano Publio Cornelio Tácito dejó así escrito, a modo más bien de amenaza: «Una vez que tenemos en nuestra servidumbre a naciones enteras con sus cultos diversos, con sus religiones extrañas o sin religión alguna, a ese canalla no se le puede dominar sino por el miedo».

Se quedaba corto Tácito al hablar de «miedo», cuando lo más propio hubiese sido hacerlo de «pavor» o más bien de «terror». Cicerón se extendía sobre el ingenio encarnizado que servía de eficaz escarmiento al vulgo cuanto más terrible resultase: «Este pone cabeza abajo a los que quiere colgar; aquel les empala por los genitales; este otro les extiende los brazos en un yugo [...]».

El futuro emperador Tito, durante el asedio de Jerusalén, llegó a crucificar a quinientos prisioneros cada día. Pero la prohibición del tormento de la crucifixión llegó alrededor del año 337, gracias a la conversión al cristianismo del emperador Constantino el Grande.

El cristianismo se convertiría luego en la religión única y oficial del Imperio gobernado por Teodosio, tras promulgarse el Edicto de Tesalónica en el año 380. Aunque la horrible pesadilla de la crucifixión no acabó ni muchos menos desde entonces. Sin ir más lejos, en España se registraron multitud de crucifixiones durante la más sangrienta matanza de judíos sefardíes perpetrada por los musulmanes en Granada, en el año 1066. E incluso más recientemente, en 2019, una de las personas ejecutadas en Arabia Saudí, Jaled Abdelkarim, fue crucificada por haber cometido los delitos considerados allí más graves: espionaje, violencia, terrorismo y participación en manifestaciones. El propio papa Francisco reconoció haber llorado al tener noticia de los dos cristianos crucificados en Siria, en 2014, por no renunciar a su fe.

9
Los tres clavos

Buscó también [Elena de Constantinopla] los clavos con los que fue crucificado Cristo y los halló.

San Ambrosio de Milán

El increíble hallazgo del talón perforado de Yehohanan ben Hagkol (Juan, hijo de Ezequiel), ya comentado, reabrió en cierto modo, en pleno siglo XX, el antiguo debate sobre si Jesús había sido fijado a la cruz con tres o con cuatro clavos.

En este sentido, el óleo de Jesús pintado por Velázquez hacia 1632, el *Cristo de San Plácido,* constituye un claro ejemplo de los defensores de esta segunda tesis, donde la figura del Nazareno, frontal, con la cabeza inclinada y crucificado con cuatro clavos, destaca sobre un fondo verdoso oscuro como una tela de altar.

Esta obra maestra de la pintura universal se ha convertido en la más conocida imagen de la devoción a Jesús copiada y reproducida en infinidad de ocasiones, la cual ha inspirado incluso una de las obras poéticas de contenido religioso más intensas del siglo XX: *El Cristo de Velázquez,* de Miguel de Unamuno.

El historiador del arte Alfonso Emilio Pérez Sánchez, director del Museo del Prado entre 1983 y 1991, explica las razones que indujeron a Velázquez a inmortalizar así a Jesús:

> La representación del crucificado —manifiesta este experto—, con cuatro clavos en lugar de los tres de la forma más usual, responde a la influencia que hubo de recibir de su suegro y maestro, Pacheco, que la había escogido y defendido en varias ocasiones, aduciendo en su favor una estampa rara de Durero que lo presentaba así.

Andalucía es hoy una de las comunidades autónomas de España donde más ejemplos artísticos se conservan del Jesús crucificado con cuatro clavos, dos en las manos y otros dos en ambos pies. Y no solo en la pintura. El escultor jienense Juan Martínez Montañés hizo lo propio con el *Cristo de los Cálices* que se veneraba en la Catedral de Sevilla, mientras que en Córdoba la imagen más popular sigue siendo hoy la del *Cristo de los Faroles,* que luce en la icónica plaza de los Capuchinos con sus cuatro clavos a la vista. Igual que el *Santísimo Cristo de las Lágrimas,* obra de Miguel Arjona.

Con frecuencia, los artistas han reflejado también en sus obras los clavos del crucificado en las manos. Pero como han acreditado los estudios médicos, los clavos no podían estar en las palmas porque habrían desgarrado las manos. Los anatomistas aseguran que el clavo tuvo que pasar necesariamente por la muñeca, donde existe un hueco denominado «espacio de Destot», formado entre los huesos semilunar, piramidal, ganchoso y grande, todos ellos en la zona cubital de la mano.

Este punto permite introducir un grueso taladro desplazando los huesos del carpo pero sin fracturar ninguno de ellos.

El sacerdote jesuita Jorge Loring explica con claridad meridiana la razón de la gran confusión existente entre los artistas, escultores y pintores a la hora de plasmar en sus obras la crucifixión de Cristo:

> Seguían la tradición —explica Loring— inspirados por las palabras del profeta-rey David, «han taladrado mis manos [...]», y las del mismo Jesús a Tomás, en su aparición después de la resurrección: «Mira mis manos». Las versiones griegas de estos textos no dejan lugar a dudas: se trata de las manos. Sin embrago, hay que recordar que los textos originales y la lengua materna de quienes los escribían era el arameo.
>
> En las lenguas semíticas no existe un término que designe la muñeca. En hebreo, la muñeca se engloba en la palabra *yad,* «mano». El griego, por el contrario, posee un sustantivo, *karpos,* para la «muñeca», y otro, *jeir,* para la «mano». La traducción de *yad* por *jeir* ha dado pie al error de toda la iconografía cristiana sobre la crucifixión.

De este modo, los artistas confundían las palmas con las manos. Pero para los anatomistas, la muñeca pertenece sí o sí a la mano, constituida por carpo, metacarpo y dedos. La gran excepción de la tradición pictórica universal es, sin duda, la del retratista y grabador flamenco Van Dyck, en cuyos lienzos del Palacio Real de Génova y del atrio de la Real Academia de Venecia pinta los clavos en las muñecas, guiado con gran probabilidad por la contemplación previa de la Sábana Santa de Turín.

«Clavitrales»

Cuando parecía por fin superada la controversia en favor de los tres clavos con que crucificaron a Jesús, emergieron de la tierra los restos óseos de Yehohanan, en 1968. Se supo así, entonces, cómo eran los clavos utilizados para crucificar a los condenados en la antigua Roma. Se trataba de los llamados «clavitrales», empleados en la construcción, que llegaban a medir dieciocho centímetros de largo. Temibles arpones de hierro capaces de atravesar muñecas y tobillos con pasmosa facilidad a veces, pero que en otras ocasiones requerían decenas de inmisericordes mazazos.

En concreto, el clavo que traspasaba el hueso calcáneo derecho de Yehohanan medía once centímetros de longitud, como ya hemos explicado. Pero, teniendo en cuenta que faltaba la punta, debía de medir en total alrededor de dieciséis centímetros, con un diámetro de casi un centímetro en su parte más gruesa, tal y como explica la investigadora Nicoletta de Matthaeis.

El clavo era de forma piramidal, con esquinas dentadas o rugosas y de cabeza cupular o acampanada, lo cual aseguraba la fijación al madero al ensancharse los orificios de las manos y los pies por el peso del crucificado. Pesaba alrededor de sesenta gramos y su longitud le permitía sobresalir por detrás de la cruz, como aseguraba en su caso Ana Catalina Emmerick.

Ya hemos explicado que para clavarle los carpos a Jesús, debieron de tumbarle en decúbito supino (acostado boca arriba) con los brazos extendidos, para hacer coincidir los dorsos de las muñecas con los extremos del *patibulum*. El resto del cuerpo descansaba sobre la tierra del Gólgota. En esa postura le clavaron los carpos al madero. Estremece leer este pasaje del doctor francés Pierre Barbet, experto en anatomía y cirujano general del Hospital de San José de París durante treinta y cinco años, extraído de su libro ya clásico en la historia de la sindonología titulado *Las cinco llagas de Cristo:*

> Cuando se coloca un clavo de un centímetro cuadrado de sección —explica Barbet— contra la parte interna de la muñeca, basta un martillazo para atravesarla. El clavo resbala sin resistencia, alterando ligeramente su dirección: la punta se orienta hacia el codo, y la cabeza hacia los dedos. Pronto la sangre emerge atravesando la piel. El clavo entra por un espacio conocido como «punto de Destot». Los nervios medianos alcanzados aquí por el clavo no son meramente motores, sino también sensitivos. Lacerados y estirados por los clavos, en aquellos brazos como cuerdas de violín sobre el puente, han debido provocar un dolor de paroxismo [...]. Los que durante la guerra [se refiere a la Segunda Guerra Mundial] hemos presenciado lesiones en los grandes troncos nerviosos sabemos la violenta tortura que esta clase de lesión ocasiona. La vida es imposible. Si durante un tiempo considerable la naturaleza se inhibe, la víctima pierde el conocimiento. Pero Jesucristo, el Hombre-Dios, capaz de llevar su resistencia hasta el límite, quiso seguir consciente y aun dirigir su palabra por espacio de tres horas, hasta el *consummatum est.*

No era extraño, por tanto, como también advertía Emmerick, que la sola contemplación de semejante taladro hubiese sobrecogido a la persona cuyos pies y manos iban a ser perforados sin la menor compasión.

El hueso del talón de Yehohanan evidenciaba también que sus pies, o más bien tobillos, debieron de sujetarse a la cruz con ayuda de un tarugo de madera. El clavo penetró por el lado derecho del tobillo y se fijó en el lateral del palo de la cruz, lo cual daba a entender que los pies habían sido clavados por separado a ambos lados del madero vertical y que el ajusticiado, por lo tanto, debió de mantenerse con las piernas abiertas durante todo el tiempo que duró el martirio.

En el talón de Yehohanan se hallaron también restos de madera de olivo pertenecientes a la cruz, junto a partículas de madera de acacia con la que tal vez pudo confeccionarse la pequeña cuña para afianzar los pies.

Los investigadores polacos Górny y Rosikon aseguran, en cambio, que los pies de Yehohanan «estaban uno sobre otro y atravesados por un clavo». Al contrario de lo que sostienen el arqueólogo y antropólogo estadounidense Jonathan L. Reed y su compañero irlandés John D. Crossan. Alineada con ellos, la estudiosa Nicoletta de Matthaeis afirma exactamente lo mismo. «Al desgraciado —manifiestan Reed y Crossan, en alusión a Yehohanan— le habían abierto las piernas y se las habían sujetado a los lados del palo vertical de la cruz [...]».

Señal inequívoca de que debieron de clavar sus pies por separado. De este modo, la irrupción de Yehohanan como un intruso transportado al siglo XX en la máquina del tiempo de los arqueólogos vino a complicar las cosas, llegándose a cuestionar la versión de la beata Ana Catalina Emmerick publicada en 1833 con mucha más resonancia mundial que las obras de sus compatriotas Schiller o Goethe, considerados los dramaturgos más importantes de Alemania.

Recordemos que Emmerick aludía a la especial crueldad que supuso perforar los pies de Jesús, para lo cual los verdugos amarraron primero el pie izquierdo sobre el derecho para taladrarlo por el empeine. Bastó así con un solo clavo, temible por sus grandes proporciones, para traspasar con él el empeine del pie izquierdo e introducirlo a continuación por el derecho, hasta alcanzar la abertura del tarugo para introducirlo finalmente en el palo vertical de la cruz.

La inopinada aparición de Yehohanan en escena ponía en tela de juicio las visiones de Emmerick y, sobre todo, la arraigada tradición cristiana según la cual santa Elena halló en Jerusalén los tres clavos, y no cuatro, con los que crucificaron al Nazareno.

Pero muy pronto, hipótesis mucho más relevantes que aquella, convertidas en certezas, descartaron finalmente las conjeturas surgidas tras el hallazgo de los restos del esclavo crucificado en la Gran Bretaña gobernada por los romanos.

Aun tratándose de tres clavos, en lugar de cuatro, tampoco resultaba en modo alguno sencillo dirimir cuáles de los treinta y seis lugares de Europa que afirmaban custodiar las reliquias auténticas, publicados en una lista por el historiador del arte alemán Franz Xaver Kraus en 1868, eran en verdad genuinos. Por no hablar del exhaustivo inventario realizado por Fleury de los treinta y tres clavos considerados también auténticos y repartidos por veintinueve ciudades distintas. Un verdadero enjambre de hierros que solo los mejores forjadores de la arqueología mundial serían capaces de distinguir.

El primer clavo

Sabemos que Elena de Constantinopla regresó de Jerusalén con las más preciadas reliquias de Jesús que encontró en el año 325. San Ambrosio de Milán confirmó así, en referencia a ella: «Buscó también [Elena] los clavos con los que fue crucificado Cristo y los halló». Según otras fuentes históricas, Elena llevó consigo luego uno de los tres clavos a Roma y entregó los dos restantes a su hijo Constantino, quien, a su vez, los custodió en su nueva capital de Constantinopla.

Entre tanto, ella hizo lo propio también con sendos fragmentos de la Vera Cruz y del *Titulus Crucis* en su capilla privada del *Sessorium,* sede imperial en la Ciudad Eterna cuyo pavimento fue recubierto entonces con tierra proveniente de los Santos Lugares, razón por la cual al nuevo templo edificado sobre ella años después se le denominó Basílica de la Santa Cruz en Jerusalén. El antiguo palacio de Elena se erigía junto a las Termas Elenianas, del Circo Variano y del Anfiteatro Castrense, cuyas ruinas pueden visitarse aún hoy.

Los estudiosos polacos Górny y Rosikon esgrimen documentos eclesiásticos datados a partir del siglo IV para avalar que el Santo Clavo en poder de Elena se custodió en la citada basílica. Curiosamente, el pincho que ella conservó hasta su muerte tiene las mismas características que el de Yehohanan: once centímetros de largo, a falta de la cabeza y parte de la punta, de modo que su longitud total equivale también a unos dieciséis centímetros, con otro centímetro más de grosor.

Pero no fue fácil llegar a esta conclusión. El historiador alemán Michael Hesemann es quien más recientemente ha investigado la historia de los tres clavos que supuestamente sujetaron a Cristo en la cruz. Hesemann comparó la pieza conservada hoy en la Basílica de la Santa Cruz de Jerusalén con la que seccionó el talón de Yehohanan y se llevó al principio una gran decepción, pues el hierro que trajo Elena de Constantinopla tenía una longitud de tan solo once centímetros y medio, medida a todas luces insuficiente para fijar con garantías al condenado en la cruz. De modo que no fue hasta después de un minucioso examen cuando Hesemann reparó al fin en que aquel clavo había perdido la cabeza y parte de la punta, las cuales debieron de desprenderse al desclavar a Jesús de la cruz. No le cupo duda, por tanto, de que se trataba de uno de los tres clavitrales bañados con la mismísima sangre de Cristo, entre otras razones porque procedía de Constantinopla.

El mercader veneciano

¿Y qué sucedió con los otros dos clavos que llevó Constantino consigo a la nueva capital de su imperio? Górny y Rosikon siguen la pista al segundo de ellos, el cual permaneció siglos enteros en poder de la dinastía imperial bizantina, hasta que en 1354 el mercader veneciano Pietro di Giunta Torrigiani lo adquirió en Constantinopla como parte de un lote con otras codiciadas reliquias de la Cristiandad.

¿Cómo supo Pietro di Giunta que aquel clavo era auténtico? El obispo Piero di Tommaso Soderini puso a su entera disposición un equipo de cuatro expertos que dictaminaron finalmente su autenticidad. Pero la confirmación definitiva provino de la emperatriz consorte Irene Asanina, quien aseguró que las reliquias le habían pertenecido a ella hasta que se vio obligada a venderlas tras la abdicación de su esposo, el emperador bizantino Juan VI.

Informado de ello, seguramente por el obispo Piero di Tommaso, el papa Inocencio VI manifestó su intención de adquirir el Santo Clavo. La ratificación del sensacional hallazgo traspasó las fronteras vaticanas y llegó a oídos del emperador alemán Carlos IV, quien pidió al romano pontífice que instituyese la fiesta litúrgica de la Lanza y los Santos Clavos el mismo año 1354.

Enterado también de ello el rector del Hospital de Santa Maria della Scala de Siena, Andrea di Grazia, mostró al Papa enseguida su deseo de comprar el clavo y le hizo incluso una oferta en firme. Pero como el tráfico de reliquias, es decir, el pecado de simonía, estaba prohibido por el derecho canónico vigente, el mercader veneciano Pietro di Giunta y el obispo Piero di Tommaso Soderini debieron de rubricar una cédula de donación del Santo Clavo al hospital de Siena.

La llegada de la preciada reliquia a Siena se celebró con gran algarabía en toda la ciudad, por cuyas callejuelas empedradas discurrió una gran procesión en 1359. Para albergar el Santo Clavo, se construyó la Capilla del Manto, dedicada a la Virgen bajo esa advocación, y en el siglo XVI se fundó la Cofradía del Sagrado Clavo. El hospital se cerró definitivamente en 1995. En su lugar se levanta hoy un museo.

Fue así como el segundo clavo bendecido por la sangre de Cristo fue a parar en un principio al Hospital de Santa Maria della Scala, una de las instituciones más grandes y antiguas de Europa convertida al mismo tiempo en centro médico, hospicio y albergue de peregrinos. Sus cuarenta mil metros cuadrados de construcciones abarcan hoy casi mil años de historia, con sucesivas ampliaciones y añadidos de distintas épocas en las que se alternan salas monumentales con estrechos pasillos, espacios abovedados de ladrillo y túneles excavados en la toba volcánica.

Según la tradición medieval, el hospital se fundó a iniciativa de un piadoso zapatero y futuro beato, Sorore, tras una visión en la que la Virgen María recibía en el Cielo a unos niños que subían por una escalera milagrosa. De ahí, el apelativo «della Scala». La prueba visible de esa tradición medieval se debe al diestro pincel de Lorenzo di Pietro, autor de los frescos *Alegoría de la fundación del hospital* y *Visión del beato Sorore*. Pero, al margen de las leyendas, el primer documento oficial sobre la institución data de finales del siglo XI, aunque en él se constata su existencia ya antes.

La Via Francigena, que unía Roma con la Europa Central y en especial con Francia, atravesaba la ciudad entera de Siena en aquella época. Recorrida cada año por miles de peregrinos expuestos durante el largo viaje a numerosos peligros, como el contagio de enfermedades o el asalto de los bandidos, las autoridades de la ciudad medieval promovieron muy pronto la construcción de más de cincuenta hospedajes, entre los cuales destacó precisamente el de Santa Maria della Scala. Situado frente a la fachada occidental de la catedral, el hospital se elevaba sobre una escalinata, de ahí que se le conociese también por «della Scala».

La fundación de la institución corrió a cargo de los canónigos de la catedral, quienes delegaron, bajo la dirección de un rector, en los oblatos de Santa Maria. Se trataba de una congregación de laicos consagrados, como la propia santa Catalina de Siena, proclamada doctora de la Iglesia por el papa Pablo VI en 1970 y volcada durante gran parte de su breve vida con los necesitados de Santa Maria della Scala.

Siglos después, el investigador alemán Michael Hesemann quiso convencerse por sí mismo de la autenticidad de la reliquia, pese a los testimonios prestados en su día por la emperatriz bizantina Irene Asanina y el análisis del equipo de expertos impulsado por el obispo Piero di Tommaso que probaban su genuinidad.

¿Qué hizo Hesemann para cerciorarse por completo de que aquel mismo clavo que se disponía a analizar era en realidad uno de los que fijaron a Cristo en la cruz? Comparó a simple vista la reliquia de Siena con la otra conservada en la Basílica de la Santa Cruz de Jerusalén, de Roma, y con el hierro hallado en el talón de Yehohanan.

En un primer momento, sufrió otra gran decepción, pues comprobó que la de Siena era algo más delgada que las otras dos y medía tan solo quince centímetros de largo. Pero pronto cayó en la cuenta de que el hierro había sufrido un aserrado, seguramente para convertir las limaduras en otras diminutas reliquias repartidas por otras iglesias, de ahí su menor diámetro. Hesemann también observó que había perdido la punta, de modo que la pieza entera debía de medir uno o dos centímetros más. La misma longitud o parecida a la del clavo de la Basílica de la Santa Cruz y a la del incrustado en el hueso calcáneo de Yehohanan. Por último, comprobó que la cabeza del clavo no era la original, sino que se había reconstruido más tarde.

EL «BOCADO SAGRADO»

Faltaba aún el tercer clavo que Elena de Constantinopla trajo consigo desde Jerusalén. Los estudiosos polacos Górny y Rosikon consideran que existen fundadas razones para creer que se dividió en pequeñas piezas. De hecho, Teodoreto de Ciro, obispo de esta diócesis y último gran teólogo de la escuela de Antioquía, dio fe de que en su día, a petición de la propia Elena, parte del clavo se incrustó en el casco del emperador Constantino para protegerle en la batalla, mientras el fragmento restante se fundió en los arneses de su caballo.

Versada en las Sagradas Escrituras, santa Elena consideró que el destino dado a una parte del tercer clavo era el mejor modo de pertrechar a su amado hijo durante el combate. No en vano, en el segundo de sus oráculos o mensajes divinos, el profeta Zacarías describe cómo Dios liberaría a Jerusalén en los últimos días. La derrota inicial de Jerusalén se convertiría así en victoria cuando el Señor apareciese. De este modo, el lugar que presenció la agonía más profunda del Señor sería testigo de su mayor gloria. La culminación del trabajo de Dios consistiría en la santidad perfecta de su pueblo, entre el cual moraría Él mismo. Zacarías expresa todo esto de modo figurativo, extendiéndose a los elementos más comunes de la tierra: «Aquel día —advierte así el profeta— se hallará en los cascabeles de los caballos: "Consagrado a Yahveh"» (Za 14, 20).

Al testimonio de Teodoreto de Ciro se suman los de Sócrates de Constantinopla, también conocido como Sócrates el Escolástico, historiador griego de la Iglesia cristiana, y el de su homólogo Salaminio Hermias Sozomeno. En opinión de estos dos contemporáneos de Teodoreto, Elena mandó engastar parte del tercer clavo en el bocado del caballo de su hijo Constantino y en el yelmo o en la corona imperial. De ahí que a este fragmento del clavo se le conozca también hoy con el sobrenombre de *Sacro Morso* (Bocado Sagrado). Una especie de bocado de unos treinta centímetros de longitud y setecientos gramos de peso, descrito así por la estudiosa Nicoletta de Matthaeis:

> En una de las extremidades tiene una anilla enganchada a otra mayor. Está formado por otros dos elementos: un hierro en forma de «U» con dos anillas en los extremos y una especie de alambre grueso enroscado. A simple ojo puede verse con cierta dificultad, porque se encuentra suspendido a cuarenta y dos metros de altura por encima del altar mayor del Duomo [Catedral] de Milán, encerrado dentro de una gran cruz, aunque una luz roja perennemente encendida nos indica su lugar exacto.

Esta parte del tercer clavo se custodia hoy en la Catedral de la Natividad de María, en Milán, una de las mayores iglesias del mundo, que mide ciento cincuenta y siete metros de largo por ciento nueve de ancho, y la cual se tardó nada menos que cuatro siglos enteros en construir. No olvidemos que Milán era entonces la capital administrativa del Imperio romano de Occidente.

¿Y cómo llegó el fragmento del tercer clavo hasta esta ciudad situada en la región de la Lombardía italiana? La tradición nos muestra que la reliquia se llevó allí en el siglo IV, como un regalo del emperador Teodosio a san Ambrosio, obispo por aquel entonces de Milán.

Transcurrieron varios siglos sin que se tuviese noticia documental del Santo Clavo, hasta que se localizó un texto de 1389 donde se daba fe de que se conservaba en la antigua Basílica paleocristiana de Santa Tecla, desde el año 350 aproximadamente hasta su demolición en 1458.

Trasladada a la Catedral de la Natividad de María, tuvo oportunidad de venerarla allí infinidad de veces el entonces arzobispo de Milán y futuro san Carlos Borromeo, figura relevante del Concilio de Trento y de la Contrarreforma. Con ocasión de la epidemia de peste que asoló la ciudad en 1576, el prelado hizo descolgar por primera vez la cruz que custodiaba el Santo Clavo para llevarla en procesión penitencial —con los pies descalzos, una sola túnica y una cuerda al cuello— por calles y plazas para impetrar del Cielo el cese de los contagios, como así sucedió.

En acción de gracias por el final de la epidemia, se inauguró el 3 de mayo de 1577 una especie de elevador llamado *Nivola,* en forma de nube y provisto de un dosel o palio de tela de seda roja con imágenes de ángeles, que era un verdadero prodigio de la ingeniería barroca.

El arzobispo Carlos Borromeo subió en esa especie de ascensor iluminado a ambos lados por dos ángeles con velas encendidas, portando consigo la reliquia hasta la misma bóveda de la catedral donde se custodiaba el Santo Clavo. Una docena de personas situadas a cada lado del extraño montacargas lo izaban de modo manual para hacerlo descender luego.

Desde entonces, y con el único paréntesis del Concilio Vaticano II, el arzobispo de Milán baja la reliquia cada año para llevarla acto seguido en procesión por toda la ciudad. Por increíble que parezca, la ceremonia sigue celebrándose hoy a bordo de aquella misma *Nivola* cada 14 de septiembre para conmemorar la fiesta de la Exaltación de la Santa Cruz, solo que el artilugio no se mueve ya a fuertes impulsos de veinticuatro personas, sino mediante un árgano o grúa electromecánica.

Trescientos cincuenta gramos

Parte del tercer clavo traído por Elena desde Jerusalén se conserva hoy en Milán, pero existe, al parecer, en Francia otro fragmento de la misma reliquia fundido en el arnés del emperador Constantino. Para ser más precisos, esta otra reliquia se encuentra en la localidad de Carpentras, en la región actual de Provenza-Alpes-Costa Azul, cerca de Aviñón. Allí se venera desde el siglo XIII *Le Saint Mors* (El Santo Bocado), custodiado en el tesoro de la Catedral de Saint-Siffrein (San Sifredo), construida en el siglo XV por orden de Benedicto XIII de Aviñón.

Los investigadores Górny y Rosikon refieren la existencia de fuentes históricas, según las cuales a mediados del siglo VI el papa Virgilio cedió al emperador Justiniano el arnés de Constantino con el fragmento del Santo Clavo. La reliquia de diecisiete centímetros de largo se le entregó al emperador bizantino en presencia del patriarca de Constantinopla y del obispo de Cesarea.

Desde el siglo VI, según los estudiosos polacos, escudados en fuentes bizantinas y en el propio inventario del tesoro imperial, existía ya un arnés en el palacio de Constantinopla, el cual se llevaron los franceses de la cuarta cruzada en 1204 y acabó en manos del nuncio papal, quien lo depositó finalmente en Roma.

Pero sucedió que, en 1309, el papa Clemente V trasladó su sede vaticana a Aviñón y con él, el arnés de Constantino. Cuando el sucesor Gregorio XI regresó a Roma en 1377, concluido el período de la corte papal en Aviñón, el arnés imperial permaneció en Carpentras.

En 1451, el papa Nicolás V declaró que la reliquia era auténtica, según consigna Nicoletta de Matthaeis. Pero fue destruida en el siglo XIX durante la Revolución francesa y hoy se venera una réplica suya de 1872. Górny y Rosikon manifiestan, por su parte, que el arnés no pudo examinarse antes de su destrucción para comprobar si contenía un fragmento auténtico del Santo Clavo.

Sea como fuere, existe otra versión a la que alude Matthaeis, según la cual el arnés llegó a Carpentras después de la cuarta cruzada. La investigadora consigna la existencia de un diploma del obispado de esa ciudad, fechado en 1226 con un sello de plomo con la efigie del clavo. Y recuerda que el arnés figura inventariado entre los bienes del papado de Aviñón entre 1309 y 1379. Su detallada descripción de la reliquia y la proeza culminada por su intercesión, la cual recuerda a la epidemia de peste declarada en Milán, acaparan también el interés de Matthaeis:

> El clavo de Carpentras —escribe ella, en su blog *Reliquiosamente*— es completamente diferente del de Milán. Es un tipo de bocado parecido al que utilizaban los romanos. La parte interna tiene diecisiete centímetros de largo y está formada por dos piezas enganchadas. Su peso total es de trescientos cincuenta gramos. El clavo es el símbolo de la ciudad y está presente en todas las insignias.
>
> En 1720 Provenza fue azotada por una epidemia de peste que milagrosamente no contagió Carpentras. Este milagro fue atribuido al hecho de que esta ciudad estaba protegida por el Sacro Bocado allí custodiado.

La «cojera» de Jesús

Como hemos visto antes, el hallazgo de los restos óseos de Yehohanan ben Hagkol (Juan, hijo de Ezequiel), crucificado con cuatro clavos, reabrió el debate sobre el número de clavitrales empleados para fijar a Jesús al madero vertical de la cruz. La iconografía cristiana también ayudó a la hora de cuestionar la versión de Ana Catalina Emmerick, e incluso el descubrimiento de los tres clavos por parte de santa Elena en Jerusalén, como ya sabemos.

Pero hemos reservado para el final la prueba definitiva de que Jesús fue clavado en la cruz con tres clavitrales distintos, uno de los cuales perforó el pie izquierdo por el empeine para traspasar a su vez el pie derecho y fijar ambos al tronco rugoso del madero, como también sabemos. Esa evidencia indiscutible no es otra que la propia Sábana Santa de Turín, la cual decide la cuestión. ¿Por qué crucificaron a Jesús entonces con tres clavos, en lugar de cuatro?

Observando con atención el lienzo sagrado que envolvió a su muerte el cuerpo del Nazareno, puede distinguirse uno de los pies encogido. La huella de la planta derecha en el lienzo se percibe con claridad meridiana. En cambio, el pie izquierdo deja solamente la huella del talón.

No existe duda, por tanto, de que este pie permaneció encima del otro en la cruz y que, al colocar las piernas paralelas en el sepulcro, con la rigidez cadavérica o *rigor mortis* iniciado tres o cuatro horas después de expirar, el pie quedó encogido. Señal inequívoca de que se utilizaron tres clavos, y no cuatro. Al permanecer el pie izquierdo sobre el derecho quedó curvado, al igual que la pierna. De ahí, precisamente, que en la Edad Media se pensase que Cristo tenía una pierna más corta que la otra y se pusiera un travesaño inclinado en las cruces orientales, como las que coronan las cúpulas del Kremlin en Moscú. Se creía, por tanto, que el crucificado tendría un apoyo en los pies y, dada la «cojera» de Cristo, este apoyo debía de estar inclinado.

La Sábana Santa de Turín constituye, de este modo, un maravilloso instrumento para reconstruir con toda fidelidad la Pasión de Cristo dos mil años después.

10
El Sudario de Oviedo

El rostro de Cristo provocaba escalofríos.

Jorge Loring

Si la Sábana Santa, parafraseando a san Juan Pablo II, es «el espejo del Evangelio», del Sudario de Oviedo puede decirse exactamente lo mismo: de su análisis y comparación con la Síndone de Turín refulge también con fuerza el Nuevo Testamento.

Los evangelistas refieren tres clases de paños en términos griegos: la *sindon* (síndone o sábana), el *soudarion* (sudario o paño de la cabeza) y las *othonion* (vendas). De los tres, Juan es, en este caso, el que más detalles nos proporciona:

> Salió, pues, Pedro —relata este evangelista— y el otro discípulo y fueron al monumento [sepulcro]. Ambos corrían; pero el otro discípulo corrió más aprisa que Pedro y llegó primero al monumento, e inclinándose, vio las bandas; pero no entró. Llegó Simón Pedro después de él, y entró en el monumento y vio las fajas [vendas] allí colocadas, y el Sudario que había estado sobre su cabeza, no puesto con las fajas,

> sino envuelto aparte. Entonces entró también el otro discípulo que vino primero al monumento, y vio y creyó (Jn 20, 3-8).

El poeta épico Nono de Panópolis, que vivió entre finales del siglo IV y principios del siglo V en Panópolis, precisamente, una ciudad egipcia en el curso medio del Nilo, aludía al Sudario de Oviedo en clave evangélica:

> Siguiendo detrás —especificaba— llegó Simón e inmediatamente entró. Vio los lienzos juntos en el suelo vacío, y la tela que envolvía la cabeza con un nudo en la parte trasera de la melena. En la lengua autóctona de Siria se llama «sudario». No estaba con los lienzos funerarios, sino enrollado aparte.

Nono de Panópolis conocía ya entonces el uso concreto del Sudario de Jesús y es el único autor hasta ese momento que hace referencia al curioso detalle de que el pañuelo estuviese anudado por detrás del cabello. Es indudable que debió de beber en parte de la fuente evangélica.

Aclaremos, antes de proseguir, que el término griego *soudarion* proviene del latín *sudarium*. Todos los autores latinos del siglo primero —Catulo, Suetonio o Marcial, entre otros— emplearon la palabra *sudarium* para referirse a un pañuelo grande con el que se secaba el sudor.

La existencia del Sudario de Jesús consta ya en los textos antiguos. En el año 570, un peregrino italiano de Piacenza legó a la posteridad un manuscrito conocido como de *San Antonio Mártir,* en el cual menciona la existencia de una cueva cercana al Monasterio de San Marcos, al otro lado del Jordán, donde vivían siete monjas que le aseguraron que una de sus misiones principales consistía en «custodiar el Sudario de Cristo».

Jorge Rodríguez Almenar, autor del mejor y más completo trabajo sobre el Sudario de Oviedo, titulado tal cual, así como los investigadores polacos Górny y Rosikon recuerdan la existencia de varios documentos cristianos, como el de la vida de santa Ninó de Georgia, nacida hacia el año 280 en la ciudad de Colastra, en la Capadocia; o el de los comentarios al Evangelio del obispo nestoriano Isodad de Merv, los cuales dan fe de que Pedro fue el primero que tuvo el Sudario en sus privilegiadas manos. Pero la historia de la reliquia, al margen de estos y otros testimonios aislados, no se conoce de modo fehaciente hasta después del siglo VII.

Fue desde entonces cuando se supo a ciencia cierta que los cristianos guardaron celosamente sus más preciadas reliquias en el momento en que el rey persa Cosroes II invadió Palestina y entró en Jerusalén en el año 614. Casi con toda probabilidad, en el interior del arca de roble que albergaba ya entonces los tesoros de la Cristiandad se encontraba el Santo Sudario que cubrió el rostro de Jesús durante su traslado del Gólgota al sepulcro.

La tradición aludía en un principio al arca construida por los primeros discípulos de Cristo, en cuyo interior guardaron todos los recuerdos del Maestro y de su Madre, los cuales se veneraban en Jerusalén. Huyendo de los persas, la comunidad cristiana llevó consigo las sagradas reliquias hasta Alejandría, en Egipto, donde se hizo cargo de ellas el presbítero Filipo.

La huida de Jerusalén consta en los relatos del obispo Pelayo, tanto en el *Libro de los Testamentos* como en el *Corpus Pelagianum* del mismo autor.

La huida a España

Pero ante el irrefrenable avance de las tropas persas hacia África, no hubo más remedio que poner a salvo de nuevo el arcón de madera en España. El *Diccionario de historia eclesiástica de España* es rotundo al afirmar, en alusión al Sudario, que «la reliquia ya estaba en nuestro país durante los primeros años del siglo VII». Fue así como el obispo de Écija y Cartagena, san Fulgencio, recogió las reliquias en las costas de Cartagena hacia el año 617: «La entrada del arca por Cartagena —señala Rodríguez Almenar— parece lógica, dadas las vías marítimas de la época, y además explicaría la confusión de los manuscritos que mencionan Cartago [Cartago y Cartagena tenían el mismo nombre en latín]».

Las reliquias se pusieron más tarde en manos de san Isidoro, obispo de Sevilla. Al ser nombrado prelado de Toledo, san Isidoro se llevó el arca a la Ciudad Imperial, donde permaneció custodiada hasta el estallido de la invasión musulmana.

En este preciso momento histórico, Rodríguez Almenar saca a relucir muy oportuno la existencia del canon VI del Concilio de Braga del año 675, que alude de modo enigmático al «Arca de Dios» en cuyo interior había numerosas reliquias. En el citado canon se censura a algunos obispos por llevar encima algunas de ellas, «como si fuesen el arca de las reliquias». Rodríguez Almenar afirma, además, en alusión al canon: «Es una importante referencia, pues en el año de redacción de este documento se supone que el arca de las reliquias estaba en Toledo».

A raíz de la invasión musulmana se decidió salvaguardar el arca en el norte de España, procediéndose a enterrarla en los montes asturianos del Monsacro hasta que en el año 761 se depositó finalmente en Oviedo donde hoy se venera.

En aquel momento reinaba en Asturias Alfonso II, apodado el Casto, quien mandó construir la llamada Cámara Santa para acoger el Sudario. La Catedral de Oviedo se convirtió enseguida en lugar de peregrinaje en Europa, donde los visitantes podían reverenciar la reliquia guardada en el arcón de madera de roble. En muy contadas ocasiones se abrió el arca, como el 13 de marzo de 1075, con motivo de la llegada del rey Alfonso VI desde Toledo para venerar el Sudario. En el Archivo Capitular de la Catedral de Oviedo se conserva una copia auténtica, certificada en el siglo XIII, del acta original de aquella ocasión en la que, además del rey, pudieron admirar la reliquia su hermana doña Urraca, la infanta Elvira, Rodrigo Díaz de Vivar (el «Cid Campeador») y varios obispos. El monarca donó a perpetuidad en aquel documento las tierras de Langreo a la Iglesia de Oviedo, mandó decorar el arca con figuras románicas de los apóstoles y ordenó que se recubriese de plata. Poco antes, se habían inventariado los objetos guardados en el arca, comprobándose que el Sudario figuraba, en efecto, entre las sagradas reliquias traídas de Jerusalén.

Rodríguez Almenar recuerda la importancia del obispo Pelayo a la hora de reconstruir la traslación del Sudario a España. Consejero del rey Alfonso VI, historiador y predicador excelso, Pelayo ocupa un lugar privilegiado en la Edad Media asturiana por su intensa labor de reorganización de la Diócesis ovetense y por haber promovido la reforma del archivo episcopal del que saldría una de las grandes joyas bibliográficas del siglo XII: el célebre *Liber Testamentorum* de la Catedral de Oviedo. El obispo Pelayo recopiló en el *Libro de los Testamentos* una interesante colección de legajos, en uno de los cuales se alude precisamente al traslado del arca de Jerusalén a Oviedo.

En la Biblioteca de Valenciennes, en Francia, se conserva un códice anterior al obispo Pelayo, ilustrado con miniaturas del siglo IX y al que dos siglos después se le añadió la historia del arca y la relación de las reliquias que contenía, entre ellas el Sudario.

Sin ir más lejos, en la Biblioteca Nacional de España se custodia otro valioso documento anónimo elaborado por un monje, identificado tradicionalmente como miembro de la comunidad benedictina del Monasterio de Silos, razón por la cual a su obra, datada hacia el año 1115, se la conoce con el nombre de *El Silense*. En este legajo se consigna también el traslado de la reliquia a España.

Desde 1113 existe constancia documental de la existencia de una tela profusamente manchada y arrugada en la Catedral ovetense: «El Santo Sudario de N. S. J. C.», se hace consignar en la misma tapa del arca, junto a la inscripción del año y la enumeración de las reliquias que contenía.

Monseñor Gutierre de Toledo, obispo de Oviedo entre 1377-1389, instauró la celebración de la fiesta de la Conmemoración de las Santas Reliquias como solemnidad propia de Oviedo, celebrada el 13 de marzo.

En un principio se dio rienda suelta a la leyenda según la cual el arca no se abría porque quien intentase hacerlo moriría *ipso facto,* temor atávico inspirado probablemente en el relato del Antiguo Testamento sobre el «Arca de la Alianza». Sea como fuere, el arca no volvió a abrirse hasta que lo ordenó el obispo Diego Aponte Quiñones en el siglo XVI, efectuándose entonces el recuento de las reliquias y levantándose otra acta notarial.

Una vez más, en 1715, y a petición del primer rey Borbón, Felipe V, se procedió a la apertura del arca. Desde entonces, el Sudario solo puede verse tres veces al año: en la fiesta de la Exaltación de la Santa Cruz (14 de septiembre), en la Octava del Jubileo de la Santa Cruz (21 de septiembre) y el Viernes Santo.

El Sudario corrió serio peligro el 12 de octubre de 1934, cuando unos dinamiteros volaron la cripta de santa Leocadia, en la catedral. La explosión alcanzó a la Cámara Santa donde se guardaba la reliquia y destruyó numerosas obras de arte. «Solo quedaron restos del Arca Santa —escribió el deán de la catedral, Maximiliano Arboleya Martínez—. Pero el Santo Sudario, que fue de las primeras reliquias recuperadas, está en buenas condiciones».

A modo de curiosidad, el mismo Maximiliano Arboleya fue acusado durante la Guerra Civil por las autoridades franquistas de colaborar con el nacionalismo vasco, y durante nueve meses debió de defenderse de un perverso expediente incoado en su contra por unos dominicos, el cual quedó finalmente sobreseído.

Desde 1959, y siguiendo las sugerencias del filólogo e historiador Ramón Menéndez Pidal, se confeccionaron varias vitrinas y armarios para facilitar la contemplación de las reliquias, aunque, como advierte el experto Jorge Manuel Rodríguez Almenar, el armario protector, separado del resto, impide la vista del lienzo sagrado.

Radiografía del lienzo

Describamos, acto seguido, con la mayor precisión posible este Sudario que, a ojos del peregrino, aparece como un rectángulo de tela de lino, la misma que la Sábana Santa, con unas dimensiones de 85,5 centímetros de largo por 52,6 de ancho.

Llama la atención, antes de nada, la gran cantidad de pliegues o arrugas en el paño debidas, sin duda, al paso del tiempo y a los numerosos avatares en su historia que hicieron necesario doblarlo y desdoblarlo una y otra vez para conservarlo a buen recaudo hasta hoy mismo. Recordemos también que Juan evangelista asegura que vio el Sudario ya «envuelto» aparte en el sepulcro cuando acudió allí junto con Pedro. Fue entonces la primera vez que se enrolló.

Además de las dobleces, destacan en el paño unas grandes manchas más o menos oscuras en tonos marrones que, a juicio de los expertos, corresponden a restos de sangre que se ajustan a la nariz y la boca de un hombre ejecutado. Las más destacadas son dos simétricas con respecto al eje menor de la tela.

Al contrario que en la Síndone de Turín, la tela del paño no se tejió en forma de espina de pez, sino en tafetán o damero, de modo que un hilo vertical pasa por arriba y otro horizontal lo hace por debajo, y viceversa, hasta completar el paño.

La forense italiana Franca Pastore Trossello tuvo oportunidad de comparar las estructuras textiles de la Sábana Santa y del Sudario, concluyendo que los hilos de ambas tenían la misma composición, exactamente el mismo grosor de sus fibras, el hilado a mano y hasta la torcedura en forma de «Z», aunque se tejiesen de distinto modo.

Advirtamos que, según el rito judío, cuando el rostro del difunto resultaba desagradable a la vista, se cubría con un velo. «Y el rostro de Cristo provocaba escalofríos», asegura Jorge Loring.

Jorge Manuel Rodríguez Almenar recuerda, en este sentido, que la *Enciclopedia universal judía* explica que el sudario se empleaba cuando el rostro de un cadáver estaba deformado y podía provocar cierto rechazo o, por el contrario, un estremecimiento con su sola contemplación. El jesuita alemán Gertzer refería ya en el siglo XVII la costumbre de cubrir la cabeza de los crucificados. «Esto —comenta Rodríguez Almenar— es menos extraño de lo que parece, ya que hoy en día también es costumbre cubrir el rostro de quienes mueren de forma violenta».

La periodista Carmen Porter es autora también de un documentado libro sobre la Sábana Santa, titulado precisamente así, donde dedica un capítulo completo al Sudario bajo el título *El Pañolón de Oviedo,* término acuñado en su día por el propio Jorge Loring para referirse al lienzo:

> Su color —tal y como lo describe Porter— es amarillento, presenta varias marcas a lo largo del lienzo, como una quemazón provocada por una vela que provocó [sic] un agujero de 1,24 centímetros, además de unas pequeñas incisiones que se observan en los extremos de la tela y que, presumiblemente, se deben a los clavos con los que se sujetaba el Sudario a una superficie para estirarlo y mostrárselo a los fieles, por no citar los rastros de la cera que los cirios cercanos derramaron en la superficie. También presenta una serie de marcas muy pequeñas y circulares que, según los estudiosos, podrían ser las espinas del casco que se le clavaron a Jesús en la cabeza.

En la cara de la tela donde se observa mayor abundancia de manchas marrones o de sangre se han identificado formas anatómicas que pueden corresponder, además de a la nariz y la boca, al mentón y a los pómulos del difunto cuya cabeza permaneció envuelta en el Pañolón hasta que fue hallado en el sepulcro junto con el resto de los lienzos.

Entre el conjunto de manchas destaca una central y homogénea causada probablemente por el edema pulmonar que, al producirse la rigidez cadavérica, empapó de sangre la barba y el bigote del crucificado. Una vez descolgado el cadáver de la cruz y colocado sobre su costado derecho, debió de seguir manando líquido pulmonar que formó otras dos manchas.

Existen también sobre la tela huellas de sangre de una corona de espinas formadas por sangre vital, es decir, no por un edema pulmonar como las anteriores. Esa sangre manó de la cabeza mientras el ajusticiado seguía aún vivo.

Pionero en la ciencia

Monseñor Giulio Ricci fue el pionero en proponer que el Sudario se examinase a la luz de la ciencia, de modo similar a como se hizo con la Sábana Santa. Y no solo eso, sino que fue también el primero en relacionar ambas reliquias y en descubrir las simetrías existentes entre las manchas en una y otra, y su correspondencia con la anatomía humana.

Corría así el mes de septiembre de 1965 cuando Ricci detectó una mancha de sangre que, meses antes, había observado ya en el lado derecho de la boca del hombre de la Síndone. No resultó fácil al principio distinguir ese detalle en las fotos normales del rostro sindónico. Hasta que dos años después, en 1967, él mismo envió una imagen tomada en 1931 por Giuseppe Enrie, fotógrafo oficial de la Sábana Santa, al profesor J. Jackson. Poco después, Jackson le devolvió la imagen elaborada a Ricci y este pudo apreciar ya con total claridad el margen derecho de la boca del crucificado.

> Esta particularidad absolutamente desconocida —afirma monseñor Ricci— por los textos editados hasta el momento sobre estudios sindónicos obtuvo mayor crédito cuando se realizó un examen ulterior de los movimientos en la cruz del

> «hombre de la Síndone». Se estableció un primer momento de inclinación seguido de un segundo de alzamiento del cuerpo con un relativo desplazamiento axial hacia la derecha del cuerpo del crucificado, lo cual permitía «hablar» a aquel crucificado, y precisamente mientras estaba inclinado a la derecha, del lado derecho de la boca salía sangre.

Llamó también la atención de Ricci el hecho de que la punta izquierda de la barba apareciese más poblada que la derecha, tanto en el Sudario como en la Sábana Santa. El sacerdote superpuso la foto de tamaño natural del rostro sindónico tomada por Enrie con la del Sudario que él mismo trajo consigo de Oviedo y quedó impresionado al comprobar la coincidencia entre ambas huellas. «Esta podría ser —concluye Ricci— una confirmación para la hipótesis de que tanto la Sábana Santa como el Sudario se pusieron sobre el mismo rostro».

Pero el sacerdote italiano quiso dar un paso más en su investigación recabando en 1979 la ayuda del botánico y criminólogo suizo Max Frei, que ya había analizado las clases de polen de la Sábana Santa, para que hiciese entonces lo mismo con el Sudario de Oviedo. Tras su visita a la capital asturiana, Frei compuso un estudio decisivo en el que aseguraba haber encontrado polen de al menos nueve de las dieciséis especies de plantas cultivadas en Palestina y halladas por él mismo en la Síndone de Turín.

> A diferencia de la Síndone —advierte Rodríguez Almenar—, no aparecen en el lienzo de Oviedo especies de plan-

tas de Anatolia y Constantinopla, y sí algunas del norte de África, lo cual podría ser indicativo de que ambas telas han tenido un origen común, pero una trayectoria diferente.

La pertinaz investigación de Giulio Ricci ayudó, en definitiva, a establecer nexos de unión entre el hombre del Sudario y la figura egregia de Jesús de Nazaret. Empezando por los rasgos físicos reflejados en el Sudario: un adulto con barba, bigote y cabello largo característicos de las personas de la época. Del estudio del Sudario se desprende también que el hombre cuyo rostro se cubrió con él fue torturado antes de morir, sobre todo a raíz de las señales de heridas punzantes detectadas en la nuca como consecuencia de haber llevado ceñida en la cabeza una corona o casquete de espinas. Ya hemos comentado que no existe constancia de ningún crucificado en toda la historia que hubiese sido coronado de espinas, como Jesús.

Sabemos también que el hombre del Sudario de Oviedo murió en posición vertical, con los brazos extendidos, de modo semejante al de un crucificado, como Jesús; y que falleció por colapso ortostático y a consecuencia de un edema pulmonar en grado agudo, diagnosticado también por los médicos tras el estudio exhaustivo de la Sábana de Turín. Finalmente, las manchas de sangre analizadas sugieren que el hombre del Sudario murió en posición vertical y fue colocado luego en decúbito prono lateral derecho (tendido boca abajo) para ser trasladado en posición horizontal hasta el cercano sepulcro, exactamente igual a como se hizo con Jesús.

La máquina del tiempo

El profesor Pierluigi Baima Bollone, catedrático de Medicina Legal de la Universidad de Turín y director del Centro Internacional de Sindonología, recibió de monseñor Ricci el encargo de realizar un análisis hematológico de los restos hallados en el Sudario.

Considerado como uno de los principales sabuesos que han investigado el lienzo que presumiblemente envolvió la cabeza de Jesús tras su muerte, el profesor Bollone comenzó su admirable estudio en 1995 tomando ciento ochenta fotografías del lienzo ovetense con luz normal y otras ciento cuarenta y cuatro con película infrarroja. Con la meticulosidad de un cirujano, Bollone recogió muestras del Sudario mediante cintas adhesivas y extrajo siete pequeños hilos de la zona donde había manchas de sangre y otros doce de los salientes de la tela. Todo ello le sirvió para concluir que los vestigios de sangre del Sudario correspondían al grupo sanguíneo AB, idéntico al de la Sábana de Turín y bastante común en la zona de Israel.

Por si no bastaste con eso, Bollone encargó la datación de la edad del lienzo mediante la prueba del Carbono 14. Los resultados, para su sorpresa, revelaron que se trataba de un pañuelo del siglo VII. ¿Acaso todas sus ilusiones y esperanzas, tras su concienzudo estudio hematológico, se desvanecieron en un solo instante?

Las conclusiones o más bien excusas de quienes sometieron el lienzo a la prueba del radiocarbono, recogidas en el *Libro de Actas del Primer Congreso Internacional sobre el*

Sudario de Oviedo, debieron de consolar en gran medida al eminente doctor Bollone:

> El dato no es de fácil interpretación —aducían los analistas del Carbono 14—, debido a las conocidas dificultades de datación de estructuras textiles y de las concretas condiciones de conservación de la muestra, desde el momento en que fue tomada (1979), hasta cuando llega hasta nosotros, algunos años después de la muerte de Frei acaecida en 1983. Hay que tener presente, a este propósito, la capacidad de las producciones textiles, expuestas al aire libre, de cargarse de enormes cantidades de material extraño [...].
>
> Hay que tener en cuenta, además, que el Sudario de Oviedo sufrió la explosión de la Cámara Santa el 11 de octubre de 1934 y de la cual permanecen restos identificables en el espectro RX. La radiodatación realizada por nosotros pretende servir simplemente de estímulo para efectuar investigaciones más precisas que permitan afrontar el problema en las condiciones más oportunas y correctas.

Quedaba así claro que los mismos expertos que habían datado el Sudario reconocían la limitación del método del Carbono 14 a la hora de precisar la fecha de un objeto que había permanecido expuesto durante dos mil años a todo tipo de elementos contaminantes. De hecho, gracias a las fotografías tomadas con luz infrarroja, los analistas detectaron briznas de hilos modernos en el lienzo procedentes de las fibras utilizadas para la sujeción de la tela al bastidor y al forro al que se halla cosida.

Siendo tan buen método como cualquier otro, y sin duda uno de los avances más significativos en la arqueología del siglo XX, el Carbono 14 tenía también sus limitaciones. Como cuando se analizaron con él las conchas de caracoles todavía vivos y resultó que tenían nada menos que veintiséis mil años de antigüedad. Y no digamos ya el gran clamor desatado cuando en el laboratorio de Tucson (Estados Unidos), uno de los tres que participaron en su día en la datación de la Síndone de Turín, se aplicó el método en la década de los ochenta al cuerno de toro de un casco vikingo y resultó ser… ¡del año 2006!

La «investigación criminal»

Constituido en Valencia en 1987 por Manuela Corsini de Ordeig, el Centro Español de Sindonología (CES) es una asociación cultural sin ánimo de lucro dedicada en cuerpo y alma al estudio y difusión de la Sábana Santa y de cualquier otro objeto relacionado con ella, como el Sudario de Oviedo.

Dos años después de su constitución, el 9 de noviembre de 1989, el Cabildo de la Catedral de Oviedo concedió al Equipo de Investigación del Centro Español de Sindonología (EDICES) el permiso oficial para realizar un estudio completo y multidisciplinar sobre el Sudario. El objetivo era determinar, en la medida de lo posible, si el lienzo conservado allí envolvió o no el rostro de Jesús.

Los expertos del CES llevaron a cabo desde entonces una labor titánica de análisis y comparación de datos con las técnicas más avanzadas, cuyos primeros resultados se presentaron en el Congreso Internacional de Sindonología celebrado en la localidad italiana de Cagliari, en Cerdeña, los días 29 y 30 de abril de 1990.

> La sistemática utilizada para el estudio de las manchas de sangre —explica Rodríguez Almenar— es la misma que la empleada en una investigación criminal. Los análisis se realizaron primero en el laboratorio de criminalística y biología forense de la Escuela de Medicina Legal de Madrid y, posteriormente, en la Cátedra de Medicina Legal de Valencia.

Los estudiosos corroboraron que se trataba de sangre humana perteneciente al grupo sanguíneo AB y con el microscopio óptico observaron la presencia de glóbulos rojos. Entre tanto, los doctores Pintado y Montero, sirviéndose en su caso de un microscopio electrónico, llegaron a la misma conclusión.

El ingeniero Guillermo Heras, el doctor José Delfín Villalaín y Jaime Izquierdo hicieron sus correspondientes ponencias durante el Congreso de Cagliari, anunciando al mundo entero las siguientes catorce conclusiones del Estudio Médico Legal geométrico y matemático del lienzo que, pese a su extensión, sirven ahora de inmejorable resumen y oportuno colofón a este capítulo:

1. El Sudario de Oviedo es una reliquia que se venera en la Catedral de Oviedo desde muy antiguo que muestra una serie de manchas originadas por sangre humana del grupo AB.

2. Este lienzo está sucio, arrugado, parcialmente roto y quemado. Está manchado y tiene un elevado nivel de contaminación, pero no muestra signos de manipulación fraudulenta.

3. Parece ser un lienzo mortuorio que, con toda probabilidad, estuvo colocado sobre la cabeza del cadáver de un hombre adulto normalmente constituido.

4. El hombre del Pañolón tenía barba, bigote y pelo largo recogido en la nuca con una coleta.

5. Su boca estaba cerrada y la nariz aplastada y desviada hacia la derecha por la presión del lienzo mortuorio. Ambos elementos anatómicos han sido perfectamente identificados en el lienzo de Oviedo.

6. Dicho sujeto era cadáver. El mecanismo de formación de las manchas es incompatible con cualquier movimiento respiratorio.

7. Por otro lado, en la zona suboccipital presentaba una serie de heridas punzantes, producidas en vida, que habían sangrado alrededor de una hora antes de colocar el lienzo mortuorio sobre ellas.

8. Prácticamente toda la cabeza, cuello, hombros y al menos parte de la espalda de este hombre estaban ensangrentados con anterioridad a ser envueltos por este lienzo. Ello se deduce al no ser posible obtener las manchas que se observan en el pelo, en la frente y en la parte superior de la cabeza como sangre procedente del cadáver. Por lo tanto, puede asegurarse que este hombre fue maltratado antes de morir, con elementos que le hicieron sangrar por el cuero cabelludo y al menos le provocaron heridas en el cuello, hombros y parte superior de la espalda.

9. El hombre del Sudario padeció un gran edema o encharcamiento pulmonar como consecuencia del proceso terminal. Sobre el lienzo que estuvo en contacto con el rostro del cadáver aparecen numerosas manchas originadas por líquido de edema pulmonar y sangre en la proporción 6:1 producidas en momentos distintos y consecutivos.

10. El Lienzo de Oviedo fue colocado sobre su cabeza empezando por la zona suboccipital y sujetándose al pelo con elementos punzantes. A partir de dicha zona, rodea la parte izquierda de la cabeza hasta llegar al ángulo maxilar derecho en el que, por razones en apariencia desconocidas, se dobla sobre sí mismo terminándose en forma de fuelle a la altura del ángulo maxilar izquierdo. Puede pensarse que el Sudario se colocó de esta forma porque extender la tela rodeando la cabeza ofrecía cierta dificultad y por eso se dobló sobre sí misma. Al colocar el lienzo en esta posición se observa cómo se sitúan anatómicamente dos áreas manchadas: una sobre la coleta y la otra sobre la parte superior de la espalda. Una vez ocurrida la muerte, el cadáver estuvo en posición vertical en torno a una hora, y tenía al menos el brazo derecho levantado y la cabeza flexionada setenta grados hacia adelante y veinte grados a la derecha en relación a la vertical.

11. Posteriormente, sin alterar la posición de los brazos, fue colocado en decúbito prono lateral derecho [boca abajo], manteniendo el giro de la cabeza veinte grados a la derecha y colocando esta a ciento quince grados respecto a la vertical, con la frente apoyada sobre una superficie dura, posición en la que se le mantuvo alrededor de otra hora más.

12. Acto seguido, el cadáver fue movilizado al tiempo que una mano ajena, en diversas posiciones, trataba de contener la salida de líquido serohemático por la nariz y por la boca, presionando fuertemente aquel contra dichos elementos anatómicos. Esta operación pudo llevar unos cinco minutos. En todas estas posturas el lienzo permanecía doblado sobre el rostro del cadáver. A continuación, el lienzo fue desdoblado para envolver toda la cabeza del cadáver, quedando esta perfectamente cubierta por esta especie de capucha que estaba sujeta al pelo mediante elementos punzantes.

Dicha capucha permite caer parte del lienzo sobre la espalda de este sujeto, quedando en la parte superior de la cabeza, plegada en forma cónica o de cucurucho. En esta posición, es decir, con la cabeza así cubierta, el cadáver se apoyó sobre un punto izquierdo que presentaba en la parte anterior de la mano hacia arriba, apreciándose el deslizamiento del lienzo sobre el rostro en esta postura.

Es decir, que una vez desaparecido el obstáculo (que puede ser el pelo manchado de sangre, seco, o la posición de la cabeza inclinada hacia la derecha) se extendió el lienzo por toda la cabeza, realizándose un último movimiento del cadáver apoyando el rostro, boca abajo, sobre un punto izquierdo cerrado hacia algún lugar. Este movimiento produjo la gran mancha en forma de triángulo, en cuya superficie se aprecian las huellas interdigitales por la parte que estuvo en contacto con dicha mano, y la curva inscrita en la mejilla por la parte que estuvo en contacto con el rostro. De forma similar al anterior, este movimiento puede hacerse en unos cinco minutos como máximo.

13. Por último, al llegar a este lugar y por razones desconocidas, el cadáver fue colocado en decúbito supino [boca arriba] e inmediatamente este lienzo le fue retirado de la cabeza.

14. A continuación, el lienzo fue rociado posiblemente con áloe y con mirra.

Llama singularmente la atención, tal y como advierte el sindonólogo Julio Marvizón, que el hombre de la Sábana Santa luciese una hermosa coleta para recogerse el pelo, la cual le colgaba hasta el centro de su espalda, entre los omóplatos. El historiador británico Ian Wilson también se fijó en ella, hasta el punto de afirmar que «es la característica más sorprendentemente judía en la Sábana Santa».

11
La Vera Cruz

La inscripción situada sobre la Cruz de Cristo («Jesús Nazareno, Rey de los Judíos») es, tras la Sábana Santa de Turín, la prueba más importante que confirma la veracidad de los Evangelios.

Michael Hesemann, experto en sagradas reliquias

La beata Ana Catalina Emmerick viajó de nuevo con los ojos del corazón hasta el mismo Gólgota, abreviatura del término arameo *gugulta* o *gogolta,* que significa cráneo o calavera, y de ahí el nombre de Calvario.

Su minuciosa descripción de la cruz de Jesús resulta en verdad sobrecogedora. Distinguió, según iba dictándole a su amanuense Clemente Brentano, al grupo de esclavos que arrojó con estrépito la cruz a los pies de Jesús después de que Pilato, orgulloso y vacilante, temblando ante Dios y sirviendo a los ídolos, cual pagano que cortejaba al mundo, accediese a regañadientes a que fuera crucificado.

Los dos brazos más delgados de la cruz, que más tarde debían encajarse en el tronco a martillazo limpio, habían sido amarrados con pesadas cuerdas. Emmerick contempló a otros jóvenes verdugos con las herramientas necesarias para armar la cruz, junto con las cuñas, el pequeño tarugo para los pies y la pieza suplementaria para el tronco.

Una vez extendida en el suelo, Jesús se arrodilló ante la cruz, la abrazó y la besó tres veces mientras murmuraba una oración. Poco después, se puso en marcha la comitiva hacia el monte Calvario. Durante el camino, Jesús se desplomó al suelo hasta en siete ocasiones. Cuando llegaron al lugar de la ejecución, los esbirros de los sumos sacerdotes colocaron la cruz en el lugar exacto donde iban a clavar a Jesús, de modo que les resultara luego más cómodo hincarla en el agujero excavado en la tierra.

Encajaron primero a derecha e izquierda los dos brazos de la cruz, clavaron el tarugo de los pies y taladraron los agujeros para los clavos y para el letrero de Pilato. A continuación, armaron los brazos de la cruz para introducir las cuñas por debajo, rebajar el centro del tronco y dejar espacio libre para la corona de espinas y la espalda, a fin de que el cuerpo de Jesús estuviese más bien de pie que colgado, y así padeciese mayores torturas y no se le desgarrasen las manos, como ya sabemos.

Por detrás de la prominencia de la cruz hincaron unas estacas en tierra, sobre las cuales pusieron una viga atravesada para poder levantarla haciendo pasar las cuerdas por encima. Finalmente, los sicarios estiraron a Jesús sobre la cruz y le apretaron contra ella para que pegase bien la espalda al tronco antes de clavarlo con saña.

El Santo Sepulcro

Al cabo de veinte siglos, el académico estadounidense James H. Charlesworth, director del Proyecto Manuscritos del mar Muerto en el Seminario Teológico de Princeton, asegura que el lugar donde se desarrolló la escena contemplada en su día por Emmerick constituye «el descubrimiento arqueológico más importante para la investigación sobre Jesús. El hallazgo del Gólgota —agrega Charlesworth— es la prueba arqueológica de que Jesús fue crucificado en la roca que actualmente se ve dentro de la Iglesia del Santo Sepulcro».

La Basílica del Santo Sepulcro se localiza hoy en el interior de la muralla de Jerusalén, en el Barrio Cristiano al cual se accede con facilidad desde la puerta de Damasco, siguiendo el Suq Khan ez-Zeit, o desde la puerta de Jafa, e incluso desde la puerta Nueva.

Charlesworth evidencia que al oeste de la Iglesia del Santo Sepulcro se ha encontrado un muro construido con toda probabilidad por Herodes Agripa, y que la roca conservada en el interior del templo se hallaba fuera de las murallas de la ciudad en el año 30, antes de que crucificasen a Jesús.

En el siglo primero, en efecto, todo el Barrio Cristiano actual situado en el cuadrante noroccidental de la ciudad, incluida la Basílica del Santo Sepulcro, estaba fuera de los muros de la Jerusalén herodiana. Era campo abierto, probablemente con parcelas cultivadas y próximas a la llamada puerta de los Jardines, lo cual es importante subrayarlo porque no hace mucho tiempo algunos autores dudaron, e incluso negaron, que la Iglesia del Santo Sepulcro fuese el lugar donde mataron a Cristo. Se amparaban aquellos, no sin razón aparente, en que los Evangelios y la carta de San Pablo a los hebreos acreditan que sacaron a Jesús de la ciudad para crucificarle.

Pero, gracias a la arqueología, pudo comprobarse, una vez más, que la roca blanca situada en el interior del templo a la que alude Charlesworth es realmente el lugar exacto donde crucificaron a Jesús. Todavía hoy se advierte el rellano existente en la zona localizada al este y sur de la basílica, hasta la actual calle de David. Se trata de una especie de meseta en la falda oriental de la colina del Gareb que arranca desde el antiguo valle del Tiropeón. La basílica se enclava en el extremo noroccidental de ese rellano, donde el terreno empieza su ascenso de nuevo. De aquel preciso extremo sobresalía una roca de un pequeño montículo de cinco metros de altura como máximo, cuya forma redondeada sugería ya el nombre de Gólgota con que el lugar fue bautizado.

El arqueólogo israelí Dan Bahat se rinde, como Charlesworth, a la evidencia:

> No podemos estar absolutamente seguros —admite, en principio— de que el emplazamiento de la Iglesia del Santo Sepulcro sea el de la sepultura de Jesús, pero, ciertamente, no tenemos ningún otro emplazamiento que pueda respaldar esa pretensión con argumentos de un peso ni remotamente parecido, y, en realidad, no tenemos razón alguna para rechazar la autenticidad del emplazamiento.

El también arqueólogo Florentino Díez Fernández advierte sobre un hecho crucial para la preservación de la tradición en los Santos Lugares, como sin duda fue la presencia ininterrumpida de la comunidad cristiana en Jerusalén desde la época de Santiago el Menor, fallecido en el año 62, hasta la del emperador Constantino, sepultado en el año 337.

Pero la tradición tampoco se vio alterada, ni mucho menos, por la huida de la comunidad cristiana de Jerusalén a Pella, ciudad situada al norte de Grecia, en la región de Macedonia Central y a casi cincuenta kilómetros al oeste de Salónica, tras el estallido de la primera guerra judía. Ni siquiera durante los dos siglos de ocupación romana, durante los cuales el lugar del Calvario y del Sepulcro permanecieron ocultos bajo los cimientos del templo construido a la diosa Afrodita por orden del emperador Adriano, en el año 135.

> Los cristianos —subraya Florentino Díez— no podían acercarse al lugar, pero no por eso perdieron la memoria de dónde estaban tan preciadas reliquias. ¿Acaso no sigue el lugar del Cenáculo en manos mercenarias desde hace cuatro siglos? Sin embargo, los cristianos de hoy no hemos perdido la tradición del lugar y sabemos dónde celebró Jesús la Última Cena.

Prueba de ello es el testimonio del obispo Melitón de Sardes, uno de los padres de la Iglesia en el siglo II, que peregrinó a Jerusalén durante la época de Adriano; o el de san Jerónimo, quien, recogiendo la tradición anterior a él, escribía esto mismo en el siglo IV:

> Desde el tiempo de Adriano hasta el reino de Constantino, por espacio de unos ciento ochenta años, en el lugar de la resurrección se daba culto a una imagen de Júpiter, y en la roca de la cruz a una estatua en mármol de Venus. Se imaginaban los autores de la persecución que nos quitarían la fe en la resurrección y en la cruz si contaminaban los lugares sagrados con sus ídolos.

MUJER DE ARMAS TOMAR

La historia de la Vera Cruz y del Santo Sepulcro no podría entenderse hoy sin la egregia figura de Elena de Constantinopla, emperatriz y santa, canonizada en el siglo IX. Llamada en realidad Flavia Julia Helena Augusta desde su mismo bautismo, entre sus méritos humanos figura haber engendrado al futuro emperador Constantino el Grande.

Nadie discute hoy su procedencia griega, con gran probabilidad originaria de Asia Menor, en la Turquía moderna. Sabemos por Procopio de Cesarea, historiador bizantino del siglo VI cuyas obras constituyen la principal fuente escrita sobre el reinado de Justiniano, que el lugar de nacimiento de Elena debió de ser la ciudad de Helenopolis, renombrada luego Drepanum, en la provincia de Bitinia (Asia Menor). El obispo e historiador Eusebio de Cesarea afirma que Elena tenía alrededor de ochenta años cuando regresó de su viaje a Palestina entre los años 326 y 328, de modo que nacería entre los años 246 y 249.

Elena era una mujer de gran belleza y extracción humilde, hija de un posadero, que atrajo la atención del célebre oficial legionario romano Constancio nada más verla. Motejado *Cloro* por su tez pálida y lechosa, el militar ya había ejercido los cargos de tribuno y pretor en Britania.

Del flechazo a la consumación del matrimonio transcurrió muy poco tiempo. El calvario de Elena comenzó cuando, tras años desposada, el emperador Maximiano ofreció a su marido convertirle en su más cercano colaborador si repudiaba a su mujer y contraía segundas nupcias con su hija Flavia Maximiana Teodora. Llevado al principio por su desmedida ambición personal, Constancio Cloro abandonó a Elena durante catorce años para unirse con la hija del emperador. El gran sufrimiento de la esposa abandonada propició su conversión al cristianismo.

Fallecido Constancio Cloro en el campo de batalla de Britania en el año 306, su hijo Constantino fue proclamado emperador de Roma y pese a ser pagano, como su padre, el joven conservaba en su interior los fundamentos de la doctrina cristiana inculcados por su madre. Las oraciones de Elena y su ejemplo constante, pues san Ambrosio daba fe de cómo ella vestía con sencillez y se mezclaba entre los más pobres para socorrerlos, guiada por su intensa vida de piedad, dieron finalmente el fruto anhelado en el corazón de Constantino. Una noche de octubre del año 312, víspera de la batalla librada en la zona entre Saxa Rubra y Puente Milvio, en la que Constantino debía enfrentarse al poderoso enemigo Majencio, que optaba como tantos otros al trono imperial romano, cuenta la leyenda que se le apareció el mismo Jesucristo indicándole que debía inscribir las siglas de su divino nombre en los estandartes de guerra. Acto seguido, vio una cruz superpuesta en el sol con este lema: «*In hoc signo vinces*» («Con este signo vencerás»). Al día siguiente, el emperador llevó una cruz al combate expresando su confianza en que con Cristo, a quien tanto amaba su madre, vencería, como así fue.

Aquellas señales prodigiosas espolearon finalmente al emperador, quien, con más ardor que nunca, consiguió derrotar a sus oponentes en las mismísimas puertas de la Ciudad

Eterna. El Senado romano aclamó el triunfo de Constantino proclamándole *Primus Augustus*.

Poco después, promulgó el Edicto de Milán, en el año 313, que concedía la libertad religiosa a los cristianos y abolía la pena de muerte por crucifixión, estableciendo el descanso dominical, entre otras medidas que confirmaron su sincera conversión al cristianismo.

Constantino nombró a su madre como *Augusta Imperatrix* y le dio acceso ilimitado al tesoro imperial para localizar las reliquias de la Cristiandad. No contento con eso, el emperador emprendió también la construcción de ocho iglesias en Roma como parte de su anhelo por unir a la Iglesia y a los cristianos, el cual culminaría con la convocatoria del primer Concilio de Nicea celebrado entre el 20 de mayo y el 19 de junio del año 325. Al término del concilio, el primer emperador cristiano pudo reunirse con el obispo Macario de Jerusalén, quien le puso al corriente de la tradición según la cual la cruz y el mismo lugar donde Jesús fue crucificado yacían enterrados en algún lugar ignoto de la ciudad, destruida por el emperador Tito para sofocar la rebelión judía en el año 70.

A juzgar por la segunda revolución acaecida en el año 132, que obligó al emperador Adriano a reconstruir de nuevo Jerusalén con templos dedicados a Júpiter, Juno y Minerva, seguida de una tercera invasión que arrasó una vez más la ciudad y alteró por completo su trazado y arquitectura, parecía una misión imposible que Elena de Constantinopla pudiese localizar las reliquias de Jesús.

Aun así, Constantino envió a su madre ya octogenaria a Tierra Santa con tan difícil cometido. Su azaroso viaje está documentado por los historiadores de los siglos IV y V, desde Rufo de Aquileia y Alejandro de Chipre, hasta Sozomeno de Gaza, Teodoreto de Chipre o Eusebio de Cesarea. ¿Qué datos manejó Elena a la hora de desenterrar, casi tres siglos después, las tres cruces del Calvario —la de Jesús y las de los dos ladrones crucificados junto a él— y los tres clavos con que atravesaron las manos y los pies del Señor, ocultos en el interior de una cisterna cercana al Gólgota donde se produjo la crucifixión extramuros? En la Jerusalén aplastada y reconstruida tres veces consecutivas antes de que Elena pusiese los pies en ella, aquel hallazgo parecía más bien un milagro que una coincidencia.

El hecho de que las cruces y los clavos hubiesen permanecido tanto tiempo en el interior de una cisterna enterrada en las afueras de la ciudad obedecía a las costumbres judías, según las cuales cualquier objeto en contacto con un cadáver, como el de Jesús y el de los dos ladrones, se consideraba impuro y debía ser aislado como tal.

Sobre la autenticidad de las reliquias, Eusebio de Cesarea alude en su *Vida de Constantino* a una carta del emperador al obispo Macario, en la cual Constantino asegura que su madre había encontrado las cruces y los clavos enterrados durante tanto tiempo. El descubrimiento tuvo lugar el 14 de septiembre, justo el día en que la Iglesia celebra la fiesta de la Exaltación de la Santa Cruz.

Sabemos también por fuentes históricas que Elena dividió la cruz en tres partes, la primera de las cuales la dejó en Jerusalén, la segunda la llevó consigo a Roma y la tercera se la entregó a su hijo para que la conservase en su nueva capital Constantinopla.

El *Titulus Crucis*

Todavía existen hoy autores cristianos aferrados a una tradición, más parecida a una leyenda, según la cual Elena supo que la cruz era en verdad la de Jesús porque una mujer quedó sanada de una enfermedad incurable ante sus propios ojos.

De acuerdo con la tradición, o más bien con el mito, la mujer agonizante tocó la primera cruz descubierta por la emperatriz y su estado empeoró. En contacto con la segunda, tampoco experimentó mejoría alguna, pero fue al acariciar la última cruz cuando recuperó la salud de inmediato. ¿Fue así, entonces, como Elena se convenció de que había encontrado al fin la auténtica cruz de Jesús? Si nos atenemos a los testimonios de san Ambrosio de Milán y de san Juan Crisóstomo, resulta obvio que no.

Durante su sermón en el funeral del emperador Teodosio I, en febrero del año 395, san Ambrosio aseguró, sin la menor duda, que Elena y Constantino solo pudieron probar la autenticidad de las cruces amparándose en el llamado *titulus* en latín, es decir, en la tablilla de madera donde figuraba inscrito el nombre del condenado. Afirmación que sostiene también san Juan Crisóstomo en una de sus homilías pronunciadas mientras era obispo de Constantinopla.

Los ya conocidos autores polacos Crzegorz Górny y Janusz Rosikon distinguen hoy muy bien los tres elementos de que constaba la cruz romana: el palo vertical *(stipes),* de tres o cuatro metros de longitud; el horizontal *(patibulum),* de un metro ochenta aproximadamente, y el título de su crimen *(titulus),* que solía clavarse en el madero por encima de la cabeza del ajusticiado. Por el Evangelio de Juan sabemos también que la tablilla de Jesús llevaba inscrito *Iesus Nazarenus Rex Iudaeorum* («Jesús Nazareno, Rey de los judíos»), razón por la cual muchos crucifijos siguen incluyendo hoy las iniciales «INRI».

Otro de los grandes convencidos de la autenticidad de las reliquias de la Cruz de Cristo conservadas hoy en la Basílica romana de la Santa Cruz de Jerusalén es el historiador alemán Michael Hesemann. Experto en sagradas reliquias, Hesemann inició sus investigaciones en mayo de 1995 tras recibir la autorización del entonces sustituto de la Secretaría de Estado del Vaticano, el arzobispo Giovanni Battista Re.

Pertrechado con imágenes de los fragmentos de la Cruz de Cristo y en particular del *titulus,* conservadas en la Basílica de la Santa Cruz, viajó a Israel, donde un estudioso judío le confirmó que el letrero de la cruz se remontaba al período comprendido entre el siglo I y IV, mientras que un perito griego y otro latino lo dataron sin ninguna duda en el siglo I.

Hesemann siguió adelante con sus indagaciones y recabó también la opinión del experto italiano Elio Corona, quien, tras examinar los mismos fragmentos de madera que llevó en su día Elena a Roma, concluyó que eran de nogal muy antiguo *(Juglans regia).* Lo cual concuerda con el testimonio de Antonino di Piacenza, quien, durante su visita a Jerusalén en el año 570, refiere que pudo besar la reliquia «de nogal», en sus propias palabras. El historiador alemán sentenció así con toda razón: «La inscripción situada sobre la Cruz de Cristo («Jesús Nazareno, Rey de los Judíos», «INRI») es, tras la Sábana Santa de Turín, la prueba más importante que confirma la veracidad de los Evangelios en una época de gran escepticismo».

El autor presentó la versión alemana de su libro *Titulus Crucis* a Juan Pablo II el 17 de diciembre de 1998. El 11 de octubre del año siguiente, el obispo Stanislaw Dziwisz, secretario personal del Papa, le envió una carta en alemán expresándole la «admiración y aprecio» que Juan Pablo II profesaba a su meritorio trabajo.

Hesemann estaba convencido de que la autenticidad de la cruz no podía probarse con el mero análisis de los fragmentos de la madera, pese a que los expertos asegurasen que tenían una antigüedad de dos mil años. De hecho, cruces podían existir varias o muchas de la época romana, pero *titulus,* en cambio, había uno solo que aludiese a Jesús como «Rey de los judíos» en tres lenguas distintas —hebreo, latín y griego—, tal y como señala el evangelista Mateo.

Advirtamos que Elena de Constantinopla dividió el *titulus* por la mitad: la parte izquierda permaneció en Jerusalén, pero la parte derecha la llevó consigo a Roma. Gracias a ello, ha sobrevivido hasta hoy al menos la mitad derecha de la tablilla, que mide veinticinco centímetros de largo. De este modo, la pieza entera alcanzaría los cincuenta centímetros, extensión que concuerda con otros hallazgos arqueológicos similares.

Hesemann reparó, a su vez, en que en la superficie de la reliquia existían restos de lechada de cal, y pintura negra en el fondo de las letras grabadas, según la costumbre de confeccionar el *titulus* entonces. Los arqueólogos Maria Siliato y Werner Eek explican, en este sentido, que lo primero era encalar la tablilla y luego tallar la sentencia condenatoria en negro o en rojo.

Ante la imposibilidad de recurrir a un dendrómetro para medir la dimensión del árbol, pues la muestra de la tablilla era demasiado pequeña para datarla con absoluta precisión, Hesemann recurrió a una prueba paleográfica para examinar la caligrafía y determinar el tiempo y el lugar del *titulus.*

La inscripción del *titulus,* como evidencia el historiador alemán, consta de tres líneas de texto: la primera en hebreo, la segunda en griego y la tercera en latín. El nombre de Jesús está escrito en griego con la abreviatura «IS», y en latín con «I», lo cual era habitual en las inscripciones romanas de la época, sobre todo en los nombres comunes. No olvidemos tampoco que el nombre de Jesús era muy frecuente en Judea, de modo que para identificarlo era más importante su procedencia, razón por la cual se especifica: *Nazarenus*.

¿Qué hizo Hesemann para no condicionar a los paleógrafos consultados, de modo que extrajesen sus conclusiones con total imparcialidad? Sencillamente, no les reveló el origen de la inscripción al entregársela para que la examinasen. El texto en hebrero se lo confió, como era natural, a dos especialistas judíos: la profesora Hannah Eshel y el doctor Gabriel Barkay. Ambos dictaminaron que la escritura correspondía al período del Segundo Templo, vigente durante dos siglos. De modo que su conclusión fue unánime y rotunda: el *titulus* había sido escrito entre los siglos primero y tercero.

El concienzudo estudio del texto en griego corrió a cargo del profesor Carsten Peter Thiede, de la Universidad Ben Gurión, así como del doctor Leah di Segni, de la Universidad de Jerusalén, quienes tras minuciosas comprobaciones determinaron que la letra *alfa* y la ligadura *omicron-upsilon* pertenecían al siglo primero. Y, por si no bastase con eso, otros dos paleógrafos judíos, Israel Roll y Ben Isaac, de la Universidad de Tel Aviv, dataron el texto latino también en el siglo primero. Ante semejante cúmulo de evidencias, Michael Hesemann concluyó así:

> Si se puede afirmar con suficiente certeza que el *Titulus Crucis* data de la época de Cristo, también podemos determinar las circunstancias de su descubrimiento y, de modo indirecto, autentificar las tres cruces y los tres clavos. También podemos sugerir que las numerosas reliquias de la Vera Cruz, repartidas por tantas catedrales de Europa, son también auténticas; al menos las procedentes de Roma, Constantinopla o Jerusalén.

Cada una de las partes en que Elena dividió la cruz fue a su vez fraccionada y las pequeñas porciones, algunas de ellas diminutas, enviadas a iglesias y lugares de culto en Europa. De ahí que san Cirilo de Jerusalén comentase con toda su buena intención que podía encontrarse «madera de la Vera Cruz en cada rincón del mundo».

Y no solo él: a comienzos del siglo XVI, Erasmo de Rotterdam aprovechó para arremeter contra los católicos al afirmar que «un barco de carga sería pequeño para transportar los fragmentos de la Vera Cruz diseminados por el mundo». Martín Lutero se sumó con agrado a las críticas y denunció que muchas reliquias eran falsas y que «se podría construir una casa entera con las partes de la cruz que hay en el mundo».

Tuvo que ser el arquitecto francés Charles Rohault de Fleury quien dejase a todos en evidencia al publicar, en 1870, los resultados de sus investigaciones en su ya clásica obra *Mémoire sur les instruments de la Passion de N.S Jésus-Christ.* Fleury concluyó que mientras el volumen de la cruz era de unos treinta y seis mil centímetros cúbicos, el de todos los fragmentos de la misma repartidos por el mundo no alcanzaba los cuatro mil centímetros cúbicos, es decir, una novena parte de la Vera Cruz. Y un trozo de ella, precisamente, llegó sin ir más lejos a España…

MADERAS POR DOQUIER

El paisaje es abrumador. Más de veinte kilómetros entre moles gigantescas de piedra, a cuyo lado discurren las aguas cristalinas del Deva, repleto de truchas. Al término del desfiladero se abren los valles de Liébana, circundados por los Picos de Europa. En el centro del valle se erige su población principal, Potes. Muy próxima se eleva la Viorna, una montaña de más de mil metros de altitud. Y en un recodo, como quien custodia su gran tesoro, se oculta el Monasterio de Santo Toribio de Liébana donde hoy se conserva el fragmento más grande de la Cruz de Cristo que existe en todo el mundo.

Se trata, en concreto, del brazo izquierdo del *patibulum* o madero horizontal cuya medición realizada el 13 de septiembre de 1938, en plena Guerra Civil española, arrojó el siguiente resultado: 63,5 centímetros de largo en la parte vertical, 39,3 centímetros de travesaño, 1,5 centímetros de espesor, y entre 4 y 9,5 centímetros de ancho.

Si se comparan estas dimensiones con las de la mayor reliquia inventariada por el francés Rohault de Fleury, la del Vaticano (55,8 centímetros de largo, por 5 centímetros de ancho y 1,5 centímetros de espesor), no existe ya duda de que la custodiada hoy en Santo Toribio de Liébana es la mayor del planeta.

En el archivo del monasterio se guarda hoy un documento de gran valor histórico, titulado así: *Informe sobre la clasificación científica de la madera del Lignum Crucis de Santo Toribio de Liébana*. El Instituto Forestal de Investigaciones y Experiencias de Madrid realizó, en efecto, un estudio sobre la autenticidad del *Lignum Crucis,* cuyas conclusiones se remitieron al entonces capellán del monasterio, Desiderio Señas, el 2 de julio de 1958. Los autores del informe, ingenieros F. Nájera y C. Peraza, extraen estas cuatro conclusiones:

> 1.º El trozo de madera remitido por el señor capellán del Monasterio de Santo Toribio de Liébana (Santander) corresponde a la especie forestal *Cupressus sempervirens L.*, conocida en España con el nombre vulgar de ciprés.
>
> 2.º Por quedar Palestina comprendida dentro del área geográfica del *Cupressus sempervirens L.*, es lógico que existiesen árboles de esta especie forestal en los tiempos de Jerusalén de nuestra era.
>
> 3.º Que, dado su grado de textura, la madera objeto de este informe corresponde, dentro del género *Cupressus,* a una calidad de gran densidad y elevada resistencia mecánica.
>
> 4.º Que es una madera que denota ser muy vieja y si por una parte no se ha podido precisar su edad, por otra sus características macroscópicas no excluyen, en ningún caso, la

posibilidad de que dicha madera pueda alcanzar una edad superior al período de tiempo correspondiente a nuestra era.

Los ingenieros Nájera y Peraza clasificaban así la madera de la Cruz de Jesús como de ciprés común, una conífera estrechamente emparentada con el pino. Pero recordemos, en este sentido, que Michael Hesemann advertía, con toda razón, que la autenticidad de la Vera Cruz no podía verificarse a la sola luz de la madera examinada, sino únicamente por la inscripción del *titulus*. Solo esta placa de madera constituía la única prueba fehaciente e irrefutable, una especie de DNI que permitía identificar sin ningún género de dudas a la persona crucificada, en este caso a Jesús el Nazareno.

Nájera y Peraza se alineaban ya entonces, sin conocerla, con la postura de Hesemann. De este modo, en el epígrafe cuarto de su informe, titulado precisamente «Edad de la madera», consignaban lo siguiente:

> Con respecto a la edad de la madera hemos de decir que, independientemente de otras circunstancias, la necesidad de destruir, por carbonización, parte de la madera del *Lignum Crucis* nos ha hecho ver la improcedencia de aplicar a nuestro estudio los últimos procedimientos científicos para calcular dicha edad, mediante la determinación del Carbono 14.
>
> Por otra parte, la observación macroscópica de una madera de dos mil años de edad que ha permanecido siempre al abrigo de las inclemencias atmosféricas, no es suficiente para conocer su edad, ya que puede permanecer con aspecto normal durante períodos de tiempo muy superiores al de nuestra era. Ahora bien, si no se puede determinar la

> citada edad, sí se puede asegurar que, dadas las características y el estado de su estructura, se trata de una madera extraordinariamente vieja y que nada se opone a que alcance la edad pretendida.

De ahí que el profesor botánico italiano Elio Corona clasificase el fragmento analizado como de nogal *(Juglans regia)* muy antiguo, lo mismo que el peregrino Antonino de Piacenza cuando viajó a Jerusalén en el año 570. Maderas asociadas a la Cruz de Jesús había así muchas repartidas por el mundo.

La investigadora y experta Nicoletta de Matthaeis ha elaborado un admirable artículo sobre el asunto que tanto nos interesa ahora en su blog *Reliquiosamente,* según el cual, por ejemplo, san Beda el Venerable, doctor de la Iglesia, sostenía que la cruz estaba formada por cuatro tipos de madera: la inscripción era de boj, el madero vertical de ciprés, el travesaño de cedro y la parte superior de la inscripción, de pino. El análisis de este monje benedictino, fallecido en el año 735, gozó de gran credibilidad entre sus contemporáneos.

En la Jerusalén del siglo XII, como advierte De Matthaeis, el hecho de que la cruz estuviese formada por diferentes tipos de madera era una convicción generalmente aceptada. Pero con el transcurso de los siglos surgieron opiniones muy distintas. Justo Lipsio, humanista y filólogo flamenco del siglo XVI, afirmó que la Vera Cruz era toda ella de roble, porque este árbol tan común en Judea proporcionaba la solidez necesaria para armar la cruz.

El jesuita y teólogo alemán Jacob Gretser, tras examinar varios fragmentos de la Vera Cruz en el siglo V, concluyó, en cambio, que ninguno de ellos era de roble. Hubo quienes barajaron incluso que la madera en que Jesús fue crucificado era de cedro, dado que este árbol tan frecuente en Judea era el más incorruptible de todos, razón por la cual se había conservado en tan buenas condiciones durante los tres siglos transcurridos hasta el sorprendente hallazgo de santa Elena. Pero el cedro, como señala De Matthaeis, es una madera demasiado lujosa y noble para construir con ella la cruz de un ajusticiado. Salomón sí eligió el cedro para construir el templo, lo mismo que Justiniano, en el siglo VI, para levantar una de las más excelsas iglesias en honor de María de Nazaret. Pero de ahí a emplear esa madera tan codiciada para fabricar un objeto impuro y repudiado por todos los judíos como era entonces la cruz del condenado a muerte, mediaba un abismo.

Llegó a pensarse también en la posibilidad de que la cruz fuese de pino o de cualquier otra conífera empleada en fines menos nobles. Tal es el caso de los fragmentos conservados en la Basílica romana de la Santa Cruz de Jerusalén, o en las catedrales de Pisa, Florencia y Notre Dame de París, los cuales, una vez examinados al microscopio en el siglo XIX, se clasificaron como de madera de pino.

Por si fuera poco, los restos hallados en 1968 en una tumba del siglo primero en Giv'at ha-Mivtar, al nordeste de Jerusalén, abonaron la tesis de que la madera en la que Jesús fue colgado era de olivo. Los despojos correspondían a nuestro ya conocido Yehohanan ben Hagkol, en cuyo talón conservaba al cabo de veinte siglos, como sabemos, un clavo de hierro de casi once centímetros de largo que lo atravesaba de un lado a otro. La señal de que había sido clavado en una cruz. En la tachuela se hallaron partículas de madera de olivo.

EL *LIGNUM CRUCIS* DOCUMENTADO

En el Archivo del Monasterio de Santo Toribio de Liébana no existe hoy constancia documental del *Lignum Crucis* hasta el siglo XIV, pero contamos con el valioso testimonio del experto Eduardo Jusué, publicado en 1921 en su obra *El Monasterio de Santo Toribio de Liébana.*

De acuerdo con Jusué, el *Breviario antiguo de Astorga* (León) y la propia tradición cristiana acreditan que santo Toribio, antes de ser nombrado obispo de Astorga, estuvo en Jerusalén y su patriarca le confió la custodia de las santas reliquias. Mucho tiempo después, regresó a España y trajo entre las reliquias el brazo izquierdo de la cruz, como él mismo atestigua en una carta enviada a los obispos Ceponio e Idacio: «[...] *post longas annorum moras*» («[...] tras largas demoras de años»).

De camino a su ciudad natal, se detuvo en Constantinopla, donde intimó con el emperador y su esposa Pulqueria, a quien entregó la célebre imagen de la Virgen pintada por san Lucas, conocida como la *Odigitria.* Visitó también al papa san León en Roma, con quien luego mantuvo correspondencia sobre el rebrote priscilianista en España.

Los ingenieros Nájera y Peraza aseguran, por su parte, que el *Lignum Crucis* se conserva en el monasterio cántabro «desde el siglo VIII, traído por santo Toribio de Astorga, Guardián de los Santos Lugares».

Pedro Álvarez, en su muy documentada obra *El Monasterio de Santo Toribio de Liébana y el Lignum Crucis,* recuerda que el 4 de agosto de 1316, el entonces prior Toribio realizó un inventario del monasterio donde sale a relucir la primera constancia documental de la existencia del fragmento de la Vera Cruz: «[...] *Item II testes de alemegnes et I.ª cruz de plata con el lignum Domini*» («[...] También dos testigos alemanes y 1.ª cruz de plata con la madera del Señor»).

Asimismo, en el archivo del monasterio se conservan los elogios en honor de santo Toribio donde existe igualmente evidencia inequívoca de la existencia del *Lignum Crucis* intramuros literalmente así:

> El año de Jubileo que te quiso otorgar el ya dicho papa León, a quien viene visitar tus reliquias et logar otorgóles indulgencia plenaria por la potencia que Ihesus le quiso galardonar. Con la Santa Vera Cruz et reliquias que traxiste et con tu cuerpo sagrado a Lievana diste luz por librarla del pecado de lo cual tu señor eres para siempre abogado de ombres et de mujeres padre santo muy honrado.

Eduardo Jusué, en su citada obra, proporciona más argumentos sobre la autenticidad de la reliquia:

> En el siglo XV —escribe—, siendo pontífice Sixto IV, se concedió la anexión de capellanías y de un beneficio al monasterio, donde dice el documento que se conservan, además del cuerpo de santo Toribio, muchas reliquias preciosas, aludiendo, indudablemente, al Madero Sagrado de la Cruz.

Finalmente, por si persistiese aún alguna incertidumbre, entre los numerosos testimonios figura el del benedictino e historiador Gregorio de Argaiz, quien a raíz de la restitución del Monasterio de Santo Toribio a la Abadía de Oña, hacia 1485, dejó constancia escrita de un milagro: cuando los monjes profesos de San Benito el Real de Valladolid «quisieron llevarse el brazo de la Santísima Cruz» —en palabras del padre Argaiz—, fueron incapaces de lograrlo tras no pocas vicisitudes, restituyéndolo al final a Liébana donde hoy se conserva para veneración de multitud de fieles.

12
El espejo del Evangelio

> Lo que cuenta sobre todo para el creyente
> es que la Síndone es el espejo del Evangelio.
>
> Juan Pablo II

Sin creer en Dios, el bombero italiano Mario Trematore empezó a golpear el cristal blindado con toda la fuerza de su alma para salvar la Sábana Santa de las llamas. Provisto de una maza de hierro, el *pompieri* Trematore asestó un centenar de golpes a la urna de cristal de casi cuatro centímetros de grosor y logró extraer milagrosamente la Síndone intacta. Era la noche del 11 al 12 de abril de 1997.

Minutos antes, alrededor de las 23:45 del sábado, se había declarado un incendio en la Capilla central Guarino Guarini, donde se alojaba la Síndone, situada entre la Catedral de San Juan Bautista y el Palacio Real de Turín, al norte de Italia. El incendió solo pudo ser sofocado tras cuatro horas interminables, de modo que la valiosa cúpula de madera de la Capilla Guarini fue devorada por las llamas.

La capilla se hallaba en su fase final de restauración; de ahí, que las primeras hipótesis barajadas por la investigación iniciada a instancia de las autoridades apuntasen a un cortocircuito causado por los trabajos. El director de la empresa encargada de las obras negó, sin embargo, que el fuego guardase relación alguna con los trabajos que se estaban llevando a cabo.

Trematore acudió allí en compañía de casi doscientos bomberos llegados desde todo el Piamonte y Lombardía para evitar que el fuego se propagase al Palacio Real, donde resultaron afectadas la torre oeste y una parte del techo, que se derrumbó. Pese a que fue posible salvar la magnífica fachada del edificio, que data del siglo XVII, la galería de madera que permitía el acceso directo de los miembros de la familia real de Saboya hasta la capilla quedó calcinada por completo.

El superintendente de los bienes culturales de Turín, Pasquale Malara, manifestó con gran impotencia la magnitud de los daños, a los que calificó de «espantosos», sobre todo en la Capilla Guarini, de la que no quedó ni rastro.

Bautizada con el nombre del arquitecto que la diseñó en 1668, la capilla tenía como finalidad albergar el Santo Sudario, de cuatro metros y treinta y seis centímetros de largo por un metro y diez centímetros de ancho, con el que fue amortajado el cuerpo exánime de Jesucristo tras ser descendido de la cruz, instalada en el monte Gólgota. La reliquia había sido venerada por millones de fieles durante siglos, que pudieron observar en ella las señales del rostro de Jesús y las múltiples heridas en todo su cuerpo.

Como consecuencia de las obras de restauración emprendidas en la catedral, el relicario se custodió detrás del altar mayor, lo cual evitó que se perdiese tras declararse el siniestro.

Mario Trematore quedó extenuado, con las manos ensangrentadas. Pero su rostro reflejaba paz y felicidad. Acababa de rescatar de las llamas la reliquia de Jesús y sentía en su interior que él también se había salvado. ¿Cómo, si no, considerándose ateo, pudo declarar después: «Dios me ha dado las fuerzas para romper el cristal»? ¿Y cómo fue capaz de añadir: «Vi de nuevo al niño pequeño que aprendió a rezar el Padrenuestro y lo recé»?

Alarmadas por el fuego, millares de personas se congregaron en las inmediaciones y aplaudieron a rabiar la salida de Mario Trematore con el Santo Sudario en las manos, ayudado por varios compañeros.

La Sábana Santa se trasladó provisionalmente a casa del arzobispo de Turín, el cardenal Giovanni Saldarini, a quien los testigos aseguraban haber visto llorar, y seguramente rezar en su interior, delante de la catedral mientras los bomberos trataban de aplacar el incendio.

El por aquel entonces secretario general de Naciones Unidas, Kofi Annan, que había cenado con el ex primer ministro italiano Giulio Andreotti y el empresario Giovanni Agnelli en el Palacio Real de Turín, poco antes del incendio, calificó lo sucedido de «gran tragedia apocalíptica para Turín, Italia y el mundo entero».

Gracias al *pompieri* Trematore, la Síndone puede seguir venerándose hoy por los fieles de todo el mundo en las diversas ostensiones de la misma. Su rescate de las llamas se comunicó de inmediato a Juan Pablo II, antes de iniciar su viaje a Sarajevo.

Misión de la ciencia

Un año después del trágico suceso, el domingo 24 de mayo de 1998, Juan Pablo II permaneció arrodillado ante la Sábana Santa, trasladada ya entonces a la Catedral de Turín, donde se conserva hoy. El romano pontífice celebró la Misa en presencia de la reliquia y pronunció una vibrante homilía, durante la cual aludió al incendio registrado el año anterior:

> Al entrar en la catedral —manifestó el Papa—, que muestra aún las heridas causadas por el terrible incendio que se produjo hace un año, me he recogido en adoración ante la Eucaristía [...]. A la luz de la presencia de Cristo en medio de nosotros, me he arrodillado ante la Sábana Santa, el precioso lienzo que nos puede ayudar a comprender mejor el misterio del amor que nos tiene el Hijo de Dios. Ante la Sábana Santa, imagen intensa y conmovedora de un dolor indescriptible, deseo dar gracias al Señor.

El Papa puso el dedo en la llaga, nunca mejor dicho, al asegurar que la autenticidad de la Sábana Santa no era «materia de fe» y que por lo tanto correspondía a la ciencia dilucidarla:

> La Iglesia —agregó— confía a los científicos el cometido de seguir indagando para encontrar respuestas adecuadas a los interrogantes ligados a este lienzo que, según la tradición, habría envuelto el cuerpo de nuestro Redentor cuando fue depuesto de la cruz.

Pese a no referirse entonces al Sudario como reliquia, sus gestos hablaron por sí solos: se arrodilló dos veces ante la imagen y quiso dejar encendido un incensario ante el lienzo, lo cual se hacía solamente en la veneración de las reliquias o en la adoración del Santísimo. Finalmente, dijo:

> Lo que cuenta, sobre todo, para el creyente es que la Síndone es el espejo del Evangelio [...]. Tiene una relación tan profunda con cuanto narran los Evangelios sobre la Pasión y Muerte de Jesús, que todo hombre sensible se siente interiormente afectado y conmovido al contemplarla.

No le faltaba razón al pontífice a la hora de evidenciar las innegables semejanzas de las señales estampadas en la Síndone de Turín con el relato evangélico. De ahí que al lienzo se le conozca también como «El quinto Evangelio», denominación que emplea con toda convicción el doctor José de Palacios y Carvajal.

No podía imaginarse el profesor Palacios que previamente recibiría una llamada telefónica desde el mismo Vaticano para encomendarle un estudio antropométrico de Jesucristo a partir de la Sábana Santa, con la finalidad de encargar una escultura del Nazareno lo más fidedigna posible. Pero resulta obvio, a juzgar por los apabullantes resultados de su admirable trabajo, que el cirujano fue mucho más allá en su investigación, hasta el punto de no dejar ni un solo cabo suelto.

El lienzo y el sepulcro

¿Era en realidad la Sábana Santa de Turín el mismo lienzo que adquirió José de Arimatea para envolver el cuerpo exánime de Jesús? Advirtamos antes de nada que el evangelista Marcos asegura que se empleó una sábana para amortajar a Jesús, lo mismo que Lucas y Mateo, el cual añade que la sábana era limpia, es decir, no contaminada por ningún uso anterior. El hecho de que solo Juan no la mencione en su visita al sepulcro no constituye un argumento válido contra su existencia, pues él omite con frecuencia detalles y palabras que ya constan en los otros Evangelios. Además, cuando Juan alude al «Sudario» es posible que se refiera al mismo lienzo de la sábana, que también envolvía la cabeza del Nazareno.

La tela conservada hoy en Turín es de una sola pieza, gastada y amarillenta por el paso de los siglos, y tres veces más larga que ancha. Es toda de lino puro, tupido y opaco. El perito textil Virginio Timossi asegura que la Sábana Santa se confeccionó en su día con gran calidad de hilado, constituyendo así un fino trabajo.

Retrocedamos ahora al momento de la crucifixión de Jesús. Como declinaba la tarde del viernes y ante la inminencia de la Pascua al día siguiente, los judíos pidieron a Pilato que se acelerase la muerte de los crucificados con la rotura de las piernas o *crurifragium*. Pero a esas alturas, José de Arimatea ya había solicitado al prefecto que le entregase el cuerpo de Jesús. ¿Quién era aquel personaje que hasta entonces había pasado de puntillas por los Evangelios? Lucas asegura que era un hombre bueno y justo que, aun siendo miembro del sanedrín, no había aprobado sus resoluciones. Marcos añade que esperaba también el Reino de Dios. Mateo precisa que era un hombre rico, natural de Arimatea, cuya ubicación geográfica exacta se desconoce hoy, aunque Lucas la describa como una ciudad judía y añada, en relación a José, que se había convertido en discípulo de Jesús. Juan, por su parte, matiza que era un «discípulo oculto», por miedo a los judíos.

Si nos atenemos a los Evangelios sinópticos, dejando al margen el *Pseudoevangelio de Pedro,* las *Actas de Pilato* y un extraño documento, probablemente del siglo IV, llamado *La venganza del Salvador,* sabemos que José de Arimatea poseía una tumba cerca del Calvario. Así lo refiere Mateo:

> Llegada la tarde, vino un hombre rico de Arimatea, de nombre José, discípulo de Jesús. Se presentó a Pilato y le pidió el cuerpo de Jesús. Pilato entonces ordenó que le fuese entregado. Él, tomando el cuerpo, lo envolvió en una sábana limpia y lo depositó en su propio sepulcro, del todo nuevo, que había excavado en la peña, y corriendo una piedra grande a la entrada del sepulcro, se fue (Mt 27, 57-60).

De acuerdo con el derecho judío, el cadáver de un ajusticiado no podía inhumarse en la tumba familiar, sino que se depositaba aparte en un pudridero hasta su descomposición, tras lo cual los huesos podían trasladarse ya al panteón familiar. Pero, según la costumbre romana, el cadáver de un delincuente podía entregarse a la familia o a los amigos que lo solicitasen para recibir la debida sepultura. Este fue, precisamente, el caso de José de Arimatea con Jesús de Nazaret.

Además de solicitar la retirada del cadáver, el senador poseía un sepulcro donde podía colocarlo con la urgencia requerida, dada la hora tan avanzada y la inminencia de la gran Pascua.

En aquella época, la gente pudiente de Jerusalén tenía por costumbre tallar sus sepulcros en la roca calcárea que rodeaba la ciudad. La ley establecía la forma y capacidad de estos sepulcros, así como que no podían excavarse a menos de veinticinco metros de distancia de la muralla exterior de la ciudad. La tumba de José de Arimatea destinada a Jesús contenía únicamente un banco o nicho de piedra para colocar sobre él un solo cadáver.

Juan evangelista advierte también la presencia de Nicodemo —cuyo nombre helenístico significa «vencedor del pueblo», la misma acepción que Nicolao y Nicolás— a la hora de embalsamar el cadáver de Jesús y especifica que llevó consigo hasta la sepultura cien libras de una mezcla de mirra y áloe, equivalente a poco más de treinta kilos de peso. La cantidad utilizada para todo un rey. El áloe era un perfume obtenido de la madera de un árbol del mismo nombre cultivado en la India y, como tal, era muy difícil conseguirlo y su precio resultaba prohibitivo, razón por la cual solía mezclarse con otras sustancias aromáticas más baratas, como la mirra.

Pedanio Dioscórides Anazarbeo, médico, farmacólogo y botánico griego que practicó la medicina en Roma, atribuye al áloe también propiedades medicinales: «Es muy amarga, de olor penetrante —escribe en alusión a la madera—, no muy útil para extraer de ella jugo, pero muy eficaz para restañar las heridas cuando se emplea pulverizada y que tiene la virtud de secar, de endurecer los tejidos o cicatrizar úlceras».

Respecto a la mirra, se trataba de una resina extraída de la planta *Balsamodendron Myrra* con casi las mismas propiedades antipútridas que el áloe. Pero, más que como sustancia que preservaba de la putrefacción, se empleaba como componente de los ungüentos y de los perfumes que se quemaban durante los ritos fúnebres. Giovanni Judica-Cordiglia recuerda que las distintas etapas de la sepultura hebrea se reducían a estas ocho: «Cerrar los ojos al difunto, atarle la mandíbula si tenía la boca abierta, lavar el cuerpo, cerrarle los orificios externos, ungirle con diferentes calidades de bálsamos y ungüentos, cortarle el pelo y todo el vello, cubrirle el rostro con un sudario y envolverlo en un lienzo de lino».

Volviendo a Nicodemo, Juan lo identifica como un «jefe judío», lo que la Biblia Vulgata latina traduce por *princeps,* uno de los principales, porque era miembro del Consejo Supremo del sanedrín y pertenecía al influyente partido fariseo de apenas seis mil miembros, igual que José de Arimatea. Pero, haciendo honor a su nombre, Nicodemo defendió a Cristo ante sus compañeros del tribunal y recibió por ello una doble reprimenda al ser tratado como un vulgar campesino galileo y un supino ignorante en las Sagradas Escrituras. No le faltó valor tampoco a Nicodemo para presentarse en el Calvario y ayudar al enterramiento de Jesús. Juan, el único de los cuatro evangelistas que lo nombra, refiere así el episodio:

> Llegó Nicodemo, el mismo que había venido a Él de noche al principio, y trajo una mezcla de mirra y áloe, como unas cien libras. Tomaron, pues, el cuerpo de Jesús y lo fajaron con bandas y aromas, según es costumbre sepultar entre

> los judíos. Había cerca del sitio donde fue crucificado un huerto, y en el huerto un sepulcro nuevo, en el cual nadie aún había sido depositado. Allí, a causa de la Parasceve de los judíos, por estar cerca el monumento, pusieron a Jesús (Jn 19, 39-42).

El cadáver de Cristo quedó tendido sobre una piedra para ser ungido según la ley. La tradición cristiana lo conmemora hoy así con la llamada «piedra de la unción», una losa situada justo a la entrada de la Basílica del Santo Sepulcro, entre la Capilla del Calvario y la rotonda de las *Anástasis* o Resurrección. Esta piedra posee una larga tradición de culto compartido por las comunidades cristianas: latina, griega y armenia.

Del fotógrafo italiano a la NASA

El lienzo que el bombero italiano Mario Trematore salvó de las llamas se había conservado desde 1694 en la capilla construida expresamente para esta reliquia por el arquitecto Guarini, por encargo de Víctor Amadeo II, duque de Saboya (1666-1732). En 1898, la Sábana custodiada en el interior de la urna de plata se expuso a la veneración de los fieles con motivo del matrimonio del príncipe Víctor Manuel III de Saboya (1869-1947) con la princesa Elena de Montenegro.

Fue entonces cuando un abogado italiano llamado Segundo Pia, aficionado a la fotografía, tomó la primera imagen de la Sábana Santa, la cual, aun siendo bastante defectuosa, permitió distinguir ya en las numerosas manchas del lienzo la figura de cuerpo entero de un hombre, en una doble imagen de frente y de espalda, ambas yuxtapuestas a lo largo de la Sábana y unidas por la cabeza. Las fotografías de Segundo Pia llamaron la atención enseguida del papa Pío XI, quien encargó a la Academia de Ciencias de París un estudio científico de la Sábana Santa. Los análisis concluyeron que el lienzo era contemporáneo de la época de Jesús, dado que, entre otras verificaciones, se comprobó que el tejido procedía de un tipo de telares que dejaron de funcionar después del siglo primero.

La reliquia se examinó luego al microscopio electrónico por unos científicos italianos y quedó acreditada igualmente su antigüedad de dos mil años. Comparada la tela con la fibra de tejidos egipcios cuya fecha ya había sido datada de antemano, se concluyó que la Sábana era contemporánea de Cristo. No en vano, un lienzo de la misma naturaleza y constitución que la Sábana Santa fue presentado en 1902 por el arqueólogo Pierre-Marie-Joseph, barón Du Teil, a la Asociación Nacional Francesa de Arqueología y pudo comprobarse que tenía la misma anchura, era un poco más largo y provenía de las excavaciones de Antinoe, en Egipto.

Los análisis microscópicos revelaron también la existencia de partículas de cristales de polen de plantas desérticas crecidas junto al lago de Genesaret, así como de plantas provenientes de Asia Menor y Constantinopla. Los investigadores contaron hasta cuarenta y ocho especies de polen distintas, ocho de las cuales habían desaparecido ya de la faz de la tierra y pertenecieron a regiones donde había estado la Sábana Santa.

José Antonio de Sobrino, uno de los mayores expertos en la vida, pasión y muerte de Jesús, pone de relieve un hecho determinante e insoslayable a la hora de valorar de modo ecuánime la autenticidad de la Síndone de Turín:

> La figura humana que hay en el lienzo —advierte— no es una imagen pintada sobre él por ningún artista. Y la razón es que se trata de un negativo fotográfico. Ahora bien, el mismo concepto de negativo de una imagen fue desconocido por los pintores anteriores al descubrimiento de la fotografía, que nos permite la inversión de la luz y de las sombras.

Tras el exhaustivo estudio de la Academia de Ciencias de París, se celebró un Congreso de Sindonología en Turín, en 1978, donde participaron trescientos cincuenta expertos y se recibieron veintiocho comunicaciones, algunas de las cuales responden a la inquietante pregunta: ¿cómo se produjo la imagen de la Sábana Santa?

El físico John P. Jackson y el experto en termodinámica Eric Jumper, ambos estadounidenses y técnicos de fotografía de la Administración Nacional de Aeronáutica y el Espacio, más conocida como NASA, pusieron en conocimiento de los congresistas su descubrimiento sobre la Sábana Santa. Tras someter unas fotografías tridimensionales de la Síndone al estudio de un analizador de imágenes VP8, empleado en el examen de las fotografías de los planetas recogidas por los satélites, pudo reconstruirse finalmente la Sábana. Esta restauración fue estudiada también por un grupo de expertos del Instituto Italiano de Investigaciones Científicas.

¿Qué imagen pudieron contemplar entonces, estupefactos, los científicos estadounidenses e italianos? Ni más ni menos que la foto tridimensional de un cuerpo humano en levitación, situado entre las dos partes de la Sábana: la que le cubría por el pecho y la que lo hacía por la espalda. Pero con la llamativa particularidad de que esta imagen de la espalda no se hallaba aplastada por el peso del cuerpo en estado de suspensión. Los científicos de la NASA se convencieron así de que esta imagen del cuerpo de Cristo se obtuvo hace dos mil años por una potente radiación instantánea emanada en todas direcciones por el propio individuo de la Sábana, la cual dejó la impresión en el lienzo como en un celuloide fotográfico. Jackson y Jumper observaron con atención que ambas imágenes, tanto la frontal como la dorsal, habían sido formadas con la misma intensidad, como si la fuente de energía no fuese exterior, sino que estuviese en medio de las dos improntas y procediese así del mismo cuerpo envuelto por la Sábana.

Por si fuera poco, en el informe de la NASA se hizo constar que el cuerpo radiactivo que impresionó la imagen del cuerpo de Jesús lo hizo cuando todavía este no se había descompuesto, dado que en el lienzo no aparecían las manchas características de putrefacción de un cadáver. Se daba la circunstancia, además, de que efectos semejantes a los de estas imágenes por radiación se habían observado ya en Hiroshima con algunos cuerpos y objetos sometidos a la radiactividad de la bomba atómica.

Pero la gran pregunta seguía aún en el aire: ¿Cómo era posible que la imagen de aquel cuerpo hubiese quedado sobreimpresionada en aquel lienzo, como en un celuloide, cuando la historia oficial de la fotografía no comenzaría hasta muchos siglos después, en concreto en 1839, con el primer procedimiento fotográfico conocido como el daguerrotipo?

¿Qué fue del Carbono 14?

En 2019, la prestigiosa revista *Archaeometry* de la Universidad de Oxford dedicada a la arqueometría, disciplina que aplica ciencias físicas y biológicas a la arqueología, la antropología y la historia para datar objetos, publicó un interesante artículo sobre la Sábana Santa elaborado por investigadores franceses e italianos. En el citado trabajo se manifestaba que las pruebas del Carbono 14 realizadas al lienzo en 1988 y cuestionadas ya en su día, que lo dataron entre los años 1260 y 1390, eran erróneas. El Vaticano permitió entonces a la Universidad de Arizona de Estados Unidos, al Instituto Federal de Tecnología de Suiza y a la Universidad de Oxford del Reino Unido someter conjuntamente a la Síndone al análisis del Carbono 14.

El profesor de la Universidad de Turín, Roberto Gallino, desacreditó luego los resultados del análisis recordando que la Sábana Santa había permanecido expuesta al aire libre, sin cristal, durante siglos enteros y que, por lo tanto, podría haber acumulado gran cantidad de materia orgánica que probablemente habría alterado la proporción del Carbono 14. Lo mismo sucedió con la carbonización del tejido en el incendio de Chambéry registrado en 1532. Igual opinión manifestó el profesor Manuel Valdés Ruiz, de la Real Academia de Medicina.

Antonio Tonelli, por su parte, fue el primero de los expertos italianos que observó de cerca y estudió a conciencia la preciosa reliquia, que describe así:

> A pesar de que la caja fue salvada de las llamas del incendio del año 1532, una gota de plata fundida en un lado de la caja, que era toda del mismo metal, cayó sobre un punto del lienzo que estaba dos veces doblado a lo largo. La gota produjo las ocho quemaduras más graves, simétricamente dispuestas en dos líneas paralelas, y cuatro agujeros simétricos que se encuentran en mitad del lienzo. La irradiación de la plata incandescente produjo las dos líneas carbonosas. En cada mancha negra destacan dos triángulos de lino blanco; son las piezas que aplicaron las religiosas clarisas de Chambéry, entre el 16 de abril y el 2 de mayo de 1534, usando lino de corporales de la Santa Misa.

Pero, sobre todo, el Carbono 14 pudo alterarse con la radiación que grabó la imagen y fue detectada por los científicos de la NASA estadounidense, y explicada por el profesor Eberhard Lindner, físico de la Universidad alemana de Karlsruhe, en el Congreso Científico Internacional de París sobre la Sábana Santa. De tal manera, la radiación detectada por la NASA pudo rejuvenecer radiactivamente el lino del tejido en mil trescientos años nada menos, confirmándose que el lienzo era contemporáneo de Cristo.

Lo mismo opinaban Jesús Amado Moya, catedrático de Física y Química, en su trabajo «La Sábana Santa y el Carbono 14», y la ingeniera Manuela Ordeig al final de su libro *La*

Sábana Santa y los análisis del Carbono 14. Y como ellos, un largo elenco de acreditados especialistas, entre quienes figuraban también el doctor Francisco de Asís Bosch Ariño, catedrático de Química Analítica, autor de *La prueba del Carbono 14 y la Sábana Santa,* y el doctor en Ciencias Físicas Ricardo Salcedo, en *La Sábana Santa, ¿es correcta su datación por medio del Carbono 14?* En fin, podría citarse a una gran cantidad de expertos, como el doctor Baima Bollone, catedrático de Medicina Legal de la Universidad de Turín, o el profesor alemán Werner Bulst, estudioso del test de radiocarbono y autor de «El Sudario no es una falsificación».

Pero volviendo a 2019, el nuevo estudio liderado por el historiador francés Tristan Casabianca, de la Universidad de Aix-Marsella, afirmaba que los resultados del Carbono 14 presentaban numerosos fallos, entre ellos el hecho incuestionable de que la prueba no se practicó a toda la tela, sino tan solo a una pequeña porción de sus bordes. Casabianca se apoyó también en el válido argumento de que las religiosas de la Edad Media remendaron el paño para paliar el paso del tiempo y en los efectos nocivos del incendio, lo cual comprometería a su vez la validez de la prueba del Carbono 14. En una entrevista concedida a la revista francesa *L'Homme Nouveau,* Casabianca afirmó con rotundidad que los datos sin procesar de las pruebas practicadas en 1988 evidenciaban la heterogeneidad de las muestras, lo cual invalidaba los resultados obtenidos.

> Durante treinta años —advirtió Casabianca—, los investigadores han pedido a los laboratorios los datos sin procesar

[de las pruebas del Carbono 14]. Estos siempre se han negado a proporcionarlos. En 2017 presenté una solicitud legal al Museo Británico, que supervisó a los laboratorios. Por lo tanto, tuve acceso a cientos de páginas no publicadas que incluyen estos datos en bruto. Con mi equipo, realizamos su análisis. Nuestro análisis estadístico demuestra que la datación por Carbono 14 de 1988 no era fiable: las muestras analizadas son obviamente heterogéneas y no existe garantía alguna de que todas ellas, tomadas de un extremo del lienzo, sean representativas del conjunto de la tela. Por lo tanto, es imposible concluir que el Sudario de Turín date de la Edad Media.

El periplo de la Sábana

Sigamos ahora la pista a la Sábana de Turín en su periplo por la historia. En Oriente se conserva una antigua tradición que se remonta al año 200 de nuestra era, según la cual el rey Abgar IX de Edesa, en Armenia (actual Turquía meridional), padecía lepra y quedó curado al instante y convertido al cristianismo al recibir un lienzo con la imagen de Cristo. El lienzo se conservó en un monasterio de Edesa, hasta su traslado a Constantinopla por expreso deseo del emperador Constantino. Esta tradición se conserva en la liturgia bizantina, que desde el año 944 celebra cada 16 de agosto el aniversario del traslado de la reliquia de Edesa a Constantinopla. En Edesa, no en vano, se hallaba desde principios del siglo II una de las comunidades cristianas más antiguas. El reino de Armenia se convirtió oficialmente al cristianismo en el año 300, es decir, trece años antes del decreto de Constantino.

El historiador británico Ian Wilson, profesor en la Universidad de Oxford, estaba convencido de que el lienzo trasladado de Edesa a Constantinopla en el año 944 era el mismo que hoy se conserva en Turín, tal y como le hizo saber en su día al jesuita Jorge Loring durante el congreso celebrado en aquella misma ciudad italiana. Tal convicción se confirma por el hecho de que el suizo Max Frei, conocido especialista en palinología, descubrió en el lienzo de Turín granos de polen de plantas exclusivas de la región de Edesa, actual Sanliurfa.

En 1147, el rey de Francia Luis VII tuvo oportunidad de venerar la Sábana Santa en su visita oficial a Constantinopla, expuesta todos los viernes, según la costumbre, en la Iglesia de Blanquerna. Así lo atestigua Roberto de Clary, natural de Picardía y cronista de la Cuarta Cruzada, en el manuscrito conservado en la Biblioteca Real de Copenhague y titulado *Conquista de Constantinopla*. Cuando se produjo el saqueo de Constantinopla, en 1204, uno de los jefes de la Cuarta Cruzada, Otto de la Roche, se apoderó de la Sábana Santa y la trajo a Occidente. El 20 de mayo de 1453, Constantinopla cayó en manos de Mohamed II, y los musulmanes destruyeron todo rastro del cristianismo, salvo el lienzo que Otto de la Roche llevó consigo de modo providencial hasta Europa.

La Sábana Santa reapareció en Besanzón en 1206, una bella ciudad francesa situada en el borde del macizo del Jura, a menos de sesenta kilómetros de Suiza, rodeada de colinas y atravesada por el río Doubs. En Besanzón la conservó a buen recaudo el padre Otto de la Roche y allí permaneció durante siglo y medio, según consta en el Manuscrito número 826 de la Biblioteca de aquella misma localidad.

En 1353, la Síndone «viajó» hasta la comuna francesa de Lirey, en la región de Champaña-Ardenas, cayendo en manos de Godofredo de Charny, en cuya familia se había extinguido el apellido de la Roche. En Lirey permaneció durante sesenta y cinco años consecutivos, hasta 1418, como consta en un memorial de la iglesia colegiata de la ciudad custodiado en la Biblioteca Nacional de París, en la colección de Camp.

La última propietaria del lienzo, miembro de la familia Charny, fue la condesa Margarita, que se la regaló a la piadosa duquesa Ana de Lusignano, esposa del duque Ludovico de Saboya, en 1452. Los duques de Saboya encargaron una urna de plata para conservar la reliquia y construyeron la Santa Capilla para albergarla en Chambéry, capital de Saboya. Pero en la noche del 3 al 4 de diciembre de 1532, como ya sabe el lector, se declaró un incendio en la sacristía de la Santa Capilla que no destruyó la Sábana Santa, protegida en el interior de la urna de plata, pero sí la deterioró, dejando en ella varias huellas inconfundibles que señalaba el experto italiano Antonio Tonelli.

Más tarde, en 1578, Manuel Filiberto de Saboya trasladó el lienzo a Turín, nueva capital de Saboya, y facilitó así que pudiese venerarla, por estar más cerca, el futuro santo Carlos Borromeo, entonces cardenal de Milán. Y fue así finalmente como, en 1694, la Sábana Santa se instaló de modo definitivo en la capilla que construyó Guarini donde hoy se conserva y el bombero Trematore logró salvar nuevamente de las llamas en la noche del 11 al 12 de abril de 1997.

El hombre de la Síndone

Como experto cirujano que ejerció la profesión durante más de cinco décadas consecutivas, el doctor Palacios y Carvajal pone al descubierto los innegables paralelismos del Evangelio con las lesiones sufridas por Jesús durante su Pasión. Empezando porque el hombre de la Síndone es un varón «de treinta a treinta y cinco años, robusto, majestuoso y bien proporcionado», especifica el profesor. La tradición indica, en este sentido, que Jesús tenía treinta y tres años cuando le crucificaron. El doctor advierte también que el tipo morfológico de Jesús en la Sábana es característico de Oriente Medio, tal y como refiere el evangelista Mateo al citar su genealogía: «Hijo de David, hijo de Abraham [...]. Por tanto, las generaciones desde Abraham hasta David son en total catorce, desde David hasta la deportación a Babilonia, catorce, y desde la deportación hasta el Mesías, catorce» (Mt 1, 1-17).

Jesús era un hombre sano y fuerte, que medía alrededor del metro ochenta de estatura, un poco más alto que la media de los varones de su estirpe semita. Judica-Cordiglia tomó medidas exactas del hombre tendido en la Síndome (un metro y ochenta y cuatro centímetros de estatura) y calculó que estando de pie su estatura habría sido de un metro y ochenta y un centímetros. Pesaba casi setenta y nueve kilos y su complexión era atlética, bien musculada, propia de un hombre acostumbrado al trabajo manual, que fortalecía sus miembros superiores, y a las caminatas por toda Galilea, sobre todo en sus tres años de predicación pública, que hacían lo propio con los miembros inferiores. Sirva este ejemplo para hacerse idea de las distancias que solía recorrer a pie con sus discípulos: desde Cafarnaúm, a orillas del lago Tiberíades, hasta Jericó, a orillas del río Jordán, casi en el mar Muerto, hay una distancia de ciento cincuenta kilómetros en línea recta. La distancia desde Jerusalén a Emaús o a Belén, ambas situadas muy cerca de Judea, eran más cortas, pero también es cierto que Jesús completaba el camino de ida y vuelta con más frecuencia.

El ejercicio físico se complementaba con una sana alimentación compuesta de pescado abundante, cereales, fruta y un excelente aceite, donde no faltaban tampoco el cordero ni el vino. Por último, los hematólogos han logrado descifrar el grupo sanguíneo de Jesús, a la luz de la Sábana Santa que lo envolvió: es el AB, con su cromosoma masculino Y.

Ciento veinte señales

Las lesiones en el rostro de Jesús son bien visibles y coinciden también con las palabras evangélicas, a raíz de las cuales se sabe que le golpearon sin conmiseración en la cara mientras comparecía ante el sanedrín en el suntuoso palacio de Caifás. No hace falta más que leer de nuevo a Mateo para convencerse de ello: «Entonces comenzaron a escupirle en el rostro y a darle puñetazos, y otros le herían en la cara, diciendo: "Profetízanos, Cristo, ¿quién es el que te hirió?"» (Mt 26, 67).

El doctor Palacios y Carvajal advierte que en la imagen de la impronta se observa cómo el cartílago nasal, fracturado, provoca la desviación de la nariz hacia la derecha. Debió de sangrar tanto tras la rotura, que en la Sábana se aprecia el manchado y empapado de su poblado bigote y de la barba, sobre todo en el centro. En la ceja derecha se distinguen contusiones, como consecuencia de los puñetazos, dada la nítida hinchazón de la imagen en ese punto. Lo mismo sucede en el pómulo derecho, donde aparece un duro golpe propinado probablemente con una barra, un palo o un bastón de casi cinco centímetros de diámetro.

Palacios y Carvajal ha contado con encomiable paciencia y dolor de corazón, uno tras otro, los cuarenta golpes recibidos por el hombre de la Sábana Santa con un *flagrum taxilatum* romano que, al ser un látigo de doble o más bien triple cola, dejó ciento veinte señales repartidas por todo su cuerpo. Una vez más, Mateo refiere así este otro infausto episodio: «Entonces les soltó a Barrabás; y a Jesús, después de haberle hecho azotar, se lo entregó para que le crucificaran» (Mt 27, 26). Entre la tropa legionaria y el populacho se denominaba vulgarmente al *flagrum taxilatum* como «el escorpión» por el tremendo escozor y abrasamiento que provocaba cada latigazo en la piel tumefacta del ajusticiado. El efecto de las dos o tres colas del látigo, coronadas en las puntas por una pequeña haltera o barra de tres centímetros de longitud, con una esfera metálica en cada extremo, se asemejaba a la picadura de legiones enteras de alacranes.

El cuerpo desnudo de Jesús, atado de manos a una columna baja, había sido golpeado sin la menor compasión con aquel más temido y cruel *flagrum taxilatum*. Las correas de ese látigo eran de cuero y solían tratarse con cera para hacerlas más efectivas y flexibles en su recorrido. Jesús fue flagelado durante unos cuarenta y cinco minutos ininterrumpidos, a manos de varios soldados elegidos entre los más fuertes, belicosos, crueles y sádicos de toda la tropa legionaria.

El trabajo de estos soldados, cuando empleaban toda su fuerza en cada latigazo, resultaba extenuante, de modo que eran sustituidos cuando sus golpes perdían ya eficacia. No resulta extraño así que el doctor Palacios y Carvajal se lamentase ante semejante ensañamiento:

> Cuarenta golpes —comenta el médico— contundieron de gravedad la musculatura subyacente; provocaron además la rotura de vasos y hemorragias múltiples, un sangrado abundante en cada herida y dolor lacerante en cada golpe, dolor que se hacía mayor cuando coincidían con zonas ya traumatizadas.

Es fácil comprender, por tanto, que un hombre joven, sano, fuerte y trabajador manual como Jesús, muriese de forma tan rápida en la cruz, en tres horas aproximadamente, cuando la crucifixión duraba en la mayoría de los casos hasta días enteros.

La capacidad de observación del doctor Palacios y Carvajal resulta asombrosa. Tras horas interminables analizando la Síndone, se persuadió también de que los dos lictores, como se conocía en la antigua Roma a los torturadores encargados en este caso de flagelar a Jesús, eran de muy distinta estatura, pues las señales de los latigazos no son paralelas en el lado izquierdo y derecho del cuerpo. Palacios y Carvajal calcula que la pareja de lictores golpeó con saña a Jesús a un metro de distancia y ligeramente por detrás de él. Y lo hizo con una furia extrema, propinando a la víctima un latigazo tras otro, en lugar de hacerlo de modo simultáneo, sin permitirle así la posibilidad de recuperarse.

La sola alusión a la flagelación causaba ya pavor en Roma debido a la crueldad y el dolor que infligía en el cuerpo desnudo y expuesto de la víctima.

Del terror que desataba en el ajusticiado y en la población en general daba fe la denuncia que el mismo Marco Tulio Cicerón, uno de los más grandes retóricos y estilistas de la prosa en latín de la República, hizo de la flagelación del ciudadano romano Cayo Servilio, ordenada por el pretor Cayo Verres durante el saqueo al que sometió a Sicilia, la provincia bajo su mando:

> Por más que alegase —denunciaba Cicerón—, le rodearon seis lictores fortísimos y sumamente expertos en golpes. Los latigazos caen cruelmente sobre su cuerpo. El lictor más próximo golpea los ojos de Cayo con el mango del azote, se desploma el golpeado y sigue flagelándolo en el suelo. Es retirado como muerto y pronto fallece.

El testimonio coetáneo de Quinto Horacio Flaco, conocido como Horacio, principal poeta lírico y satírico en lengua latina, es si cabe aún más desolador que el de Cicerón: «La víctima es destrozada por los latigazos hasta el punto de asquear a los verdugos, cuando caen sobre sus cuerpos la sangre y los tejidos del reo que, en pedazos, los salpican».

Palacios y Carvajal halló, en efecto, ciento veinte señales en la Sábana repartidas por el tronco de Jesús, su abdomen, genitales, piernas, hombros, espalda o región glútea. Resultaba complicado dirimir si el látigo empleado por la pareja de lictores tenía dos o tres correas. Con dos, tal y como cavila el doctor, el número de golpes habría sido de sesenta, que excedía el número de latigazos permitido por la ley judía. Por eso mismo, el profesor se inclinó a creer en la probabilidad de que el *taxilatum* tuviese tres colas, en cuyo caso los golpes habrían sido los cuarenta cuantificados por él, que habrían provocado las ciento veinte señales apreciadas en la Sábana Santa.

La Síndone refleja también de modo diáfano la corona de espinas que le ciñeron en la cabeza al «Rey de los judíos», a modo de irónica tortura, como señala Mateo: «Lo desnudaron, le vistieron una túnica de púrpura, trenzaron una corona de espinas y se la pusieron en la cabeza» (Mt 27, 28-29).

«El quinto Evangelio»

La sincronía del relato evangélico con los signos localizados en la Sábana Santa resulta también evidente al observar las lesiones en la nuca y en las regiones escapulares, como consecuencia del *patibulum* que Jesús debió de cargar a hombros hasta el mismo Gólgota, ayudado por Simón de Cirene, como refiere el evangelista (Mt 27, 32). Igual que la evidencia de que las piernas no estaban fracturadas (Jn 19, 33); o que la gran herida en el hemitórax derecho a causa de la lanzada *post mortem* con salida a través de la llaga de sangre y suero (Jn 19, 34).

Teniendo en cuenta que el *stype* (palo vertical) y el *patibulum* (palo horizontal) debían de pesar en total más de doscientos kilos, es impensable que Jesús, herido de muerte ya por la flagelación, fuese capaz de llevar a hombros semejante carga ni aun con la ayuda de Simón de Cirene. Cierto que la distancia desde el pretorio de la fortaleza Antonia, donde residía Pilato, hasta la colina del Gólgota, de unos seiscientos metros en total, no resultaba excesiva para un andarín como Jesús. Pero en semejantes condiciones y con el *stype* y el *patibulum* a hombros le hubiese sido imposible llegar hasta allí. Por eso mismo, es razonable pensar que llevase a cuestas solo el tronco horizontal de la cruz y que incluso así fuera incapaz de transportarlo él solo, desplomándose al suelo hasta en tres ocasiones que se tenga constancia de ello en los Evangelios sinópticos, dado que en los apócrifos se cuentan hasta treinta y dos caídas.

Por si fuera poco, la Via Dolorosa era cuesta arriba y algunos de sus tramos resultaban bastante empinados. Es fácil imaginarse a Jesús, pues, con los brazos atados al *patibulum,* amarrado por un tobillo, flagelado durante el ascenso, descalzo sobre un suelo de piedra irregular... También conocida como «El quinto Evangelio», en la Sabana Santa pueden observarse las señales inequívocas de las caídas durante el recorrido de la Via Dolorosa: las lesiones en la cara anterior de ambas rodillas, sobre todo en la derecha por el peso de la cruz en el hombro correspondiente.

El ingeniero y sindonólogo Julio Marvizón Preney asegura que «las rodillas ofrecen un notable interés» a la hora de reconstruir el camino de Jesús hacia el Gólgota:

> La derecha —matiza Marvizón—, además de aparecer más contusa, presenta numerosos desgastes de diferente tamaño, aspecto y forma indefinida [...]. Estas mismas lesiones nos indican cómo han podido producirse: por su dirección y ubicación, acusan la acción discontinua de un agente excoriante e hiriente (podría ser un terreno accidentado) contra una superficie cutánea convexa como la rodilla, aunque su acción lesiva ha sido atenuada por la interposición de un objeto blando (que habría podido ser un tejido o una vestidura).

La minuciosa exploración de la Síndone llevada a cabo por Palacios y Carvajal resulta en verdad admirable. El cirujano repara en los tremendos golpes directos contra el terreno empedrado que debieron de soportar las rodillas de Jesús con las manos atadas al *patibulum*. En la impronta de la Síndone se han analizado los microscópicos restos orgánicos e inorgánicos adheridos en la zona de las rodillas y se ha podido identificar polvo y tierra. Para colmo de males, las heridas infligidas por la flagelación se reabrieron cada vez que Jesús cayó al suelo cargado con el *patibulum,* que pesaba más de sesenta kilos, obligado a levantarse de nuevo con las manos amarradas y la cruz inclinada a un lado. No olvidemos que Jesús llevaba el madero horizontal de la cruz a hombros, colocado de modo transversal con el centro apoyado en la nuca y en ambos omóplatos. Pero el extremo izquierdo del *patibulum* permanecía atado al tobillo del mismo lado, de forma que el madero se inclinaba hacia la izquierda.

> El *patibulum* —escribe así Palacios y Carvajal— llevaba una dirección oblicua, de arriba abajo y de izquierda a derecha, y se apoyaba con mayor fuerza y a mayor altura en el hombro y el omóplato derechos. Como no estaba sólidamente fijo al cuerpo de Jesucristo (se movía a cada paso de Jesús) tenía que acomodarlo mejor, moviendo los hombros y la nuca, para poder marchar. Pese a que Jesús llevaba su túnica, estos movimientos provocaban un roce constante sobre las heridas abiertas por la flagelación en el tercio superior del tronco: espalda, hombros, etcétera.

Las demoledoras señales de tanta crueldad se ven reflejadas con nitidez en la Sábana Santa sobre el omóplato y el hombro derechos. Pero nadie mejor tal vez que el antropólogo italiano Giovanni Judica-Cordiglia describe con tanta precisión la desoladora escena del martirio:

> Sobre el hombro derecho —detalla Cordiglia—, región supraescapular y región acromial, se observa una vasta zona excoriada y contusa, de forma casi rectangular, que se extiende algo oblicuamente de arriba abajo y de fuera adentro, de unos diez por nueve centímetros. Otra zona de iguales características se observa en la región escapular izquierda. Un examen atento de ambas zonas nos revela que sobre ellas ha gravitado, aunque fuera a través de alguna vestidura, un instrumento rugoso de considerable peso, espesor como de catorce centímetros, móvil y abrasivo, el cual ha allanado, deformado y vuelto a abrir las lesiones producidas por la flagelación, lacerando los labios de las heridas y produciendo otras nuevas.

> Este complejo traumático de contusiones y excoriaciones induce a pensar que ha sido causado por el *patibulum* que el condenado sostenía transversalmente con ambas manos sobre los hombros en su viaje al lugar del suplicio [...]. Ahora bien, conociendo la talla del hombre de la Síndone podemos deducir que sus brazos abiertos presentarían una envergadura de 1,65 metros, lo cual implica que aquel palo transversal pesaría unos sesenta y cinco kilogramos [...]. A cada caída del sentenciado, del tosco palo o *patibulum* que llevaba a la espalda el hombre [...] al no poder sujetarlo con las manos, le rodaba sobre la espalda magullando la piel con su peso y con sus asperezas.

Reservamos la conclusión de estas páginas, a modo de resumen, a otro gran especialista en la figura de Jesús de Nazaret como es sin duda José Antonio de Sobrino, quien tampoco alberga la menor duda de que el crucificado que aparece en la Sábana Santa es el mismísimo Cristo:

> Tenemos una sábana —asevera Sobrino—, un lienzo en el que ha estado envuelto el cadáver de un crucificado. Este hombre había sido coronado de espinas, había sido cruelmente azotado y cargado con el madero de su suplicio y, finalmente, había sido fijado a la cruz clavado de pies y manos. No se le habían quebrado las piernas en la cruz y presentaba una herida profunda en el costado, y además presentaba magulladuras y golpes en el rostro y otras partes del cuerpo. Incluso el cuerpo conservaba en el cabello huellas de haber sido ungido con perfume de nardo. ¿No es esta una descripción que fielmente responde a los datos que conoce-

mos por los Evangelios? ¿No resulta muy superior a cualquier «retrato robot»?

José Antonio de Sobrino no se detiene ahí y apuntala los hechos con otro argumento tan decisivo, como apabullante:

> Pero lo que es más aún —advierte—: si ese lienzo con todas las huellas identificadoras no es una pintura, sino una imagen negativa producida por un procedimiento desconocido de impregnación o de radiación sobre un tejido que indudablemente es del siglo I, ¿qué más pruebas necesitamos para poder asegurar muy razonablemente que la imagen de la Sábana Santa de Turín es la de Jesús de Nazaret?

Y entre tanto, pese a las clamorosas evidencias, la Sábana Santa sigue atrayendo hoy la atención de nuevos investigadores, en señal de que la fascinante historia continúa…

Agradecimientos

Hace ya una década que emprendí con Lola Cruz, una de las más grandes editoras de no ficción en España, mi primer proyecto con el sello Espasa. Desde entonces hemos alumbrado juntos siete «hijos de papel» y este es ahora el octavo. En todos estos años tampoco me ha faltado el apoyo profesional y humano de Javier Ponce, ni, por supuesto, el de David Cebrián, director editorial de Espasa. A ellos debo su confianza por hacerme partícipe de esta selecta familia tan amante de los libros.

Bibliografía

Álvarez, Pedro, *El Monasterio de Santo Toribio de Liébana y el Lignum Crucis,* Imprenta Cervantina, Santander, 1995.

Amado Moya, Jesús, «La Sábana Santa y el Carbono 14», *Estar,* núm. 86, noviembre de 1989.

Antequera, Luis, *Crucifixión. Orígenes e historia del suplicio,* Almuzara, Córdoba, 2023.

Barbet, Pierre, *Las cinco llagas de Cristo,* Radar, Madrid, 1950.

Beltrán, Antonio, *El Santo Cáliz de la Catedral de Valencia,* Imprenta Octavio y Félez, Zaragoza, 1984.

Benito Cabaniña, José, *Jesucristo paso a paso,* Rialp, Madrid, 2022.

Charlesworth, James H. (ed.), *Jesús y la arqueología,* Verbo Divino, Estella (Navarra), 2009.

Crossan, John D. y Reed, Jonathan L., *Jesús desenterrado,* Círculo de Lectores, Barcelona, 2010.

DÍEZ, Florentino, *Guía de Tierra Santa,* Verbo Divino, Estella (Navarra), 1990.

EMMERICK, Ana Catalina, *La amarga Pasión de Cristo,* Vozde-Papel, Madrid, 2010.

GONZÁLEZ ECHEGARAY, Joaquín, *Arqueología y Evangelios,* Verbo Divino, Barañáin (Navarra), 1994.

GÓRNY, Grzegorz y ROSIKON, Janusz, *Testigos del misterio,* Rialp, Madrid, 2014.

GRANGER COOK, John, *Crucifixion in the Mediterranean World,* JCB Mohr (Paul Siebeck), Denver, Colorado (Estados Unidos), 2014.

GUARDINI, Romano, *Jesucristo. La realidad humana del Señor. La imagen de Jesús en el Nuevo Testamento. La Madre del Señor* (cuatro obras en un solo volumen), Cristiandad, Madrid, 1981.

JUDICA-CORDIGLIA, Giovanni, *¿Es Cristo el hombre del Santo Sudario?,* Bibliotheca Sindoniana, Madrid, 1955.

JUSUÉ, Eduardo, *El Monasterio de Santo Toribio de Liébana,* Imprenta y Librería de Andrés Martín Sánchez, Valladolid, 1921.

LORI, Germano, VOLTAGGIO, Francesco Giosuè y D'AMBROSI, Mattia, *Tierra Santa. Biblia, arqueología, catequesis,* 2 volúmenes, Biblioteca de Autores Cristianos, Madrid, 2023.

LORING, Jorge, S. I., *La autenticidad de la Sábana Santa de Turín,* Crespo, Madrid, 1979.

— *La Sábana Santa, dos mil años después,* Planeta, Barcelona, 2000.

MARTÍNEZ CAMINO, Juan Antonio, *Jesús de Nazaret. La verdad de su historia,* Edicel Centro Bíblico Católico, Madrid, 2006.

MARTÍNEZ FRESNEDA, Francisco, *Jesús de Nazaret,* Espigas, Murcia, 2016.

MARVIZÓN PRENEY, Julio, *La Sábana Santa de Turín. Nuevos avances en su estudio,* Giralda, Sevilla, 2013.

MEYERS, Eric, *The Oxford Encyclopedia of Archaeology in the Near East,* Oxford University Press, Oxford (Reino Unido), 1997.

OLMOS CANALDA, Elías, *Cómo fue salvado el Santo Cáliz de la Cena,* Imprenta Monte Pío del Clero Valentino, Valencia, 1943.

OÑATE, Juan Ángel, *El Santo Grial,* Tipografía Moderna, Valencia, 1952.

ORDEIG, Manuela, *La Sábana Santa y los análisis del Carbono 14,* Segundas Jornadas Nacionales sobre la Sábana Santa, Sevilla, noviembre de 1988.

PALACIOS Y CARVAJAL, José de, *La Sábana Santa. Estudio de un cirujano,* Espejo de Tinta, Madrid, 2007.

PAPINI, Giovanni, *Jesús de Nazaret,* Folio, Barcelona, 2004.

PARROT, André, *El Gólgota y el Santo Sepulcro,* Garriga, Barcelona, 1963.

PORTER, Carmen, *La Sábana Santa,* Edaf, Madrid, 2002.

RATZINGER, Joseph, *Jesús de Nazaret,* La Esfera de los Libros, Madrid, 2007.

REED, Jonathan L., *El Jesús de Galilea,* Sígueme, Salamanca, 2006.

RODRÍGUEZ ALMENAR, Jorge Manuel, *El Sudario de Oviedo,* Ediciones Universidad de Navarra S. A. (EUNSA), Barañáin (Navarra), 2000.

— *Sábana Santa: un misterio que permanece,* Ediciones Universidad de Navarra S. A. (EUNSA), Barañáin (Navarra), 2011.

SHEEN, Fulton J., *Vida de Cristo,* Herder, Barcelona, 2010.

SOBRINO, José A. de, S. I., *Así fue Jesús. Vida informativa del Señor,* Biblioteca de Autores Cristianos, Madrid, 1984.

STERN, Ephraim, *The New Encyclopedia of Archaelogical Escavations in the Holy Land,* Israel Exploration Society, Jerusalén, 1993.

WERNER, Bulst, «El Sudario no es una falsificación», *Der Sontag,* 4 de diciembre de 1988.